Milica Cmiljanović

Aspectos económicos da produção de mel

Milica Cmiljanović

Aspectos económicos da produção de mel

ScienciaScripts

Imprint

Cover image: www.ingimage.com

This book is a translation from the original published under ISBN 978-3-659-82403-6.

Publisher:
Sciencia Scripts
is a trademark of
Dodo Books Indian Ocean Ltd. and OmniScriptum S.R.L publishing group

120 High Road, East Finchley, London, N2 9ED, United Kingdom
Str. Armeneasca 28/1, office 1, Chisinau MD-2012, Republic of Moldova, Europe
Managing Directors: Ieva Konstantinova, Victoria Ursu
info@omniscriptum.com

Printed at: see last page
ISBN: 978-620-8-60913-9

Conteúdo:

Agradecimentos

Aproveito esta oportunidade para expressar a minha gratidão ao Dr. Ing. Artan Qineti, PhD. pela sua supervisão, abordagem amável, paciência, conselhos e comentários valiosos, que contribuíram para a elaboração da tese. Quero agradecer aos meus pais, à minha generosa e sincera mãe Danijela e ao meu honrado pai Milan, pelo seu amor, encorajamento e apoio. Além disso, os meus mais sinceros agradecimentos ao meu melhor amigo e querido irmão Dusan. Não consigo imaginar ser a pessoa que sou hoje sem ter crescido com um irmão tão maravilhoso.

Este livro é dedicado ao meu irmão Dusan.
Pelo seu infinito amor, apoio e encorajamento.

Resumo

Atualmente, a produção de mel é muito popular na maior parte dos países da UE e em todo o mundo. Além disso, o mel é um alimento quase completo e único, que só pode ser produzido pelas abelhas. Neste documento, começamos por apresentar uma explicação teórica do abastecimento do mercado e do processo de produção com base na análise da literatura nacional e estrangeira disponível e, em seguida, exploramos a situação do mercado do sector da apicultura, mais precisamente, a produção de mel na UE, sob o ponto de vista económico e estatístico. A situação geral da produção da UE tende a aumentar a cada dia que passa e, nas últimas décadas, a produção de mel também. Nesta tese de licenciatura, examinamos a forma como a produção de mel nos países da UE é afetada pela crise económica, por várias doenças e ameaças, bem como pelos avanços tecnológicos e pela importância de certos países desenvolvidos e em desenvolvimento da UE. A UE está consciente da importância da produção de mel e, para esse efeito, concentra-se na implementação de projectos e programas, como o Programa Nacional de Biossegurança das Abelhas. Acreditamos que o trabalho será benéfico para o público apícola profissional, uma vez que resume a situação da produção de mel e confronta as hipóteses geralmente conhecidas com a realidade. Este trabalho também pode beneficiar o conhecimento dos estudantes como um guia para obter uma visão geral sobre este assunto.

Palavras-chave: produção, produção de mel, UE, aspectos económicos, apicultura, programas de proteção.

1. Introdução

A produção e o consumo sustentáveis consistem na "utilização de bens e serviços que respondam às necessidades básicas e proporcionem uma melhor qualidade de vida, minimizando a utilização de recursos naturais, materiais tóxicos e emissões de resíduos e poluentes ao longo do ciclo de vida, de modo a não comprometer as necessidades das gerações futuras" (Simpósio de Oslo, 1994). Esta questão incomoda milhões de produtores e consumidores em toda a Europa e pertence aos tópicos mais frequentemente discutidos atualmente.

Em primeiro lugar, a crise financeira que ocorreu na Europa em 2009, do ponto de vista estatístico e económico, causou muitas diferenças no mercado da oferta e da procura. No domínio da produção de mel, essas diferenças variam de país para país, consoante a tecnologia, a dimensão do mercado, as condições climáticas, o desenvolvimento do país, etc.

Em segundo lugar, a apicultura, também conhecida como apicultura, é a gestão de colónias de abelhas para a produção de mel, outros produtos da colmeia e a polinização de culturas (Koning, 1994; Winston, 1987). A apicultura refere-se geralmente à criação da abelha melífera. O mel, alimento natural da abelha, foi muitas vezes descrito como o alimento mais doce do homem. O mel tem uma procura cada vez maior devido à crescente compreensão da sua qualidade nutricional e capacidade curativa (Agriculture Today, 1993; Morse e Hooper, 1985). O mel é um produto muito útil que, se for gerido de forma eficiente, pode aumentar o seu rendimento.

Em terceiro lugar, é importante que as pessoas produzam este tipo de alimentos naturais e únicos, especialmente no mundo atual, em que há alimentos modificados, poluição e herbicidas. A tendência cada vez mais popular de utilizar alimentos biológicos levou a um aumento da produção de mel. Além disso, alguns dos principais Estados-Membros da UE são responsáveis pelo desenvolvimento da produção de mel.

Finalmente, a UE desenvolve muitas actividades para proteger este ramo de doenças e envenenamento. Os métodos para atingir os objectivos são diferentes e são principalmente impostos por várias organizações europeias, como a FAO. Baseiam-se em dados estatísticos e em inferências.

Muitos projectos, como o Programa Nacional de Biossegurança das Abelhas, são feitos para ajudar os apicultores que, através de cursos e sessões de formação, melhoram e aumentam a produção e a qualidade do mel.

Ao reduzir os prémios relacionados com o custo da certificação biológica, desaparecerá o receio dos produtores de investir e, por conseguinte, abrir-se-ão oportunidades para uma maior produção de mel e um enorme interesse pelo mel biológico.

2. Panorama da literatura

2.1 Mercado da oferta e da procura

De acordo com Mankiw (2011), um grupo de compradores e vendedores de um determinado bem ou serviço é designado por mercado. O grupo de compradores determina a procura do produto e o grupo de vendedores a oferta do produto.

A oferta e a procura representam um modelo de microeconomia. A ideia deste modelo é explicar como o preço é criado num mercado. Há dois elementos cruciais neste tipo de mercado: o número de produtos que são oferecidos, conhecido como oferta, e o número de produtos de que os consumidores necessitam, conhecido como procura. A oferta e a procura demonstram como os produtores e os compradores cooperam entre si. Esta ligação irá corrigir o preço de um determinado tipo de bem (Henderson, 2004).

Mankiw (2011), descreve a oferta e a procura como um modelo destinado a compreender a forma como os preços e as quantidades são identificados no mercado. A explicação funciona olhando para diversos grupos - compradores e vendedores - e solicitando a forma como interagem.

2.1.1 Fornecimento

A oferta representa a relação entre o preço de um bem específico e a quantidade de bens que as empresas estão dispostas e são capazes de produzir e vender (Mankiw, 2000).

Mankiw (2000) afirma que a quantidade oferecida é, de facto, a quantidade total de qualquer bem que os fornecedores decidiriam produzir e vender em condições específicas. Estas condições específicas consistem em:

- preço de venda do bem;
- preços associados aos factores de produção (trabalho, capital de investimento, etc.);
- tecnologia;
- número de empresas no mercado.

2.1.1.1 Lei da oferta

A lei da oferta estabelece que, mantendo-se constantes os outros factores, as quantidades e os preços dos produtos a fornecer estão diretamente relacionados entre si. Dito de outra forma, os fornecedores aumentam a oferta de um bem no mercado, quando o preço que o cliente paga por esse bem aumenta (The Economic Times, 2015).

Mais uma vez, a hipótese "tudo o resto continua na mesma" ou "ceteris paribus" é essencial. Isto significa que as condições de oferta: preços associados aos factores de produção, processo tecnológico e número de empresas no mercado não se alteram ao longo da curva de oferta estabelecida (Mankiw, 2000).

O Economic Times (2015) escreve que a lei da oferta mostra o comportamento dos produtores em caso de alteração dos preços dos bens e serviços. Quando o preço do produto sobe, o fornecedor aumenta a oferta, a fim de obter lucro devido ao aumento dos preços.

De acordo com Mankiw (2000), a curva de oferta é uma manifestação gráfica da relação entre preço e quantidade oferecida (ceteris paribus). A curva de oferta é uma curva, cada ponto da qual é um par (P, Q). Cada ponto demonstra a quantidade do bem que as empresas escolheriam produzir e vender a esse preço.

Figura 1: Curva da oferta:

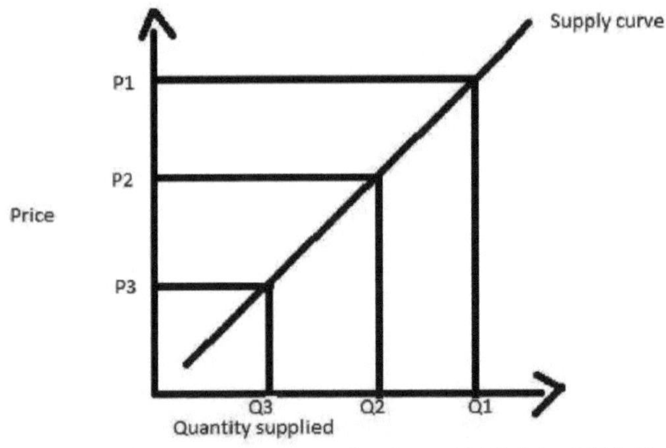

Fonte: The Economic Times, 2015. *Curva de oferta.* 2015. [cit. 2015-02-16] Obtido de: http ://economictimes. indiatimes. com/definition/Law-of-Supply

A figura mostra a curva de oferta, que tem uma inclinação ascendente (a relação entre o preço e a quantidade oferecida é positiva). Quando o preço do produto estava no ponto P3, os fornecedores estavam a oferecer a quantidade Q3. Com o aumento do preço, a quantidade oferecida também aumenta (The Economic Times 2015).

2.1.1.2 Oferta de mercado versus oferta individual

Mankiw (2011), afirma que da mesma forma que a procura no mercado representa a soma das procuras provenientes de todos os compradores, o mercado da oferta representa a soma dos fornecedores provenientes de todos os retalhistas. A Figura 2 demonstra a oferta de dois fornecedores de gelados no mercado - Ben e Jerry. Em qualquer tipo de preço de venda, o gráfico da oferta de Ben informa-nos da quantidade de gelado que Ben fornece e o gráfico da oferta de Jerry mostra-nos a quantidade de gelado que Jerry fornece. A oferta de mercado representa a soma de duas ofertas individuais.

Figura 2: Oferta de mercado como a soma das ofertas individuais:

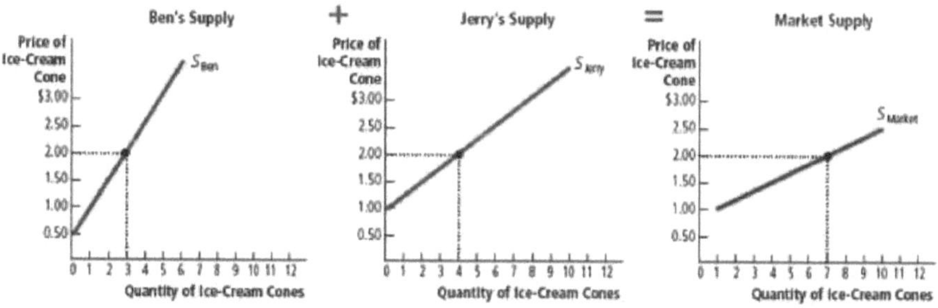

Fonte: MANKIW, G. N. 2011. *Princípios de Macroeconomia.* 2011. p. 75. [cit. 2015-02-08]. Retrieved from: https://financeasim.files.wordpress.com/2014/01/principles-of-macroeconomics- n-gregory-mankiw.pdf

Na Figura 2, o gráfico demonstra a curva de oferta efectiva, que corresponde aos planos de oferta específicos. Tal como a curva da procura, somamos horizontalmente as curvas de oferta individuais para obter a curva de oferta do sector. Isto é certo, para descobrir a quantidade total fornecida a qualquer preço de venda, incluímos as quantidades individuais, que estão localizadas no eixo horizontal da curva de oferta individual. A curva de oferta do sector demonstra a forma como a quantidade total fornecida se desvia à medida que o preço do bem se desvia, mantendo estáveis todos os outros elementos, para além do preço de venda, que afectam as decisões dos fornecedores sobre a quantidade a vender.

2.1.2 Mudança na oferta

Quando se verifica uma alteração de um dos factores da oferta, como por exemplo, alterações nos preços dos factores de produção (trabalho e capital); alterações na tecnologia de produção e na sua produtividade; ou a quantidade de concorrência num determinado mercado de produtos, há uma alteração correspondente na curva da oferta. Por exemplo, se a produtividade do trabalhador for melhorada, devido ao investimento em tecnologia ou em capital humano, os custos de produção são reduzidos. Isto leva a um efeito positivo na curva da oferta, que é deslocada para a direita em direção ao novo equilíbrio do mercado, que é uma quantidade maior e um preço mais baixo, mantendo tudo o resto constante. Inversamente, pode ocorrer uma deslocação negativa que desloque a curva da oferta para a esquerda, o que leva a um aumento do preço e a uma diminuição da quantidade, ceteris paribus. Esta forma de mudança pode surgir quando o preço do fator de produção (mão de obra ou matéria-prima) aumenta (Georgia State University, 2006).

Figura 3: Deslocações na curva da oferta:

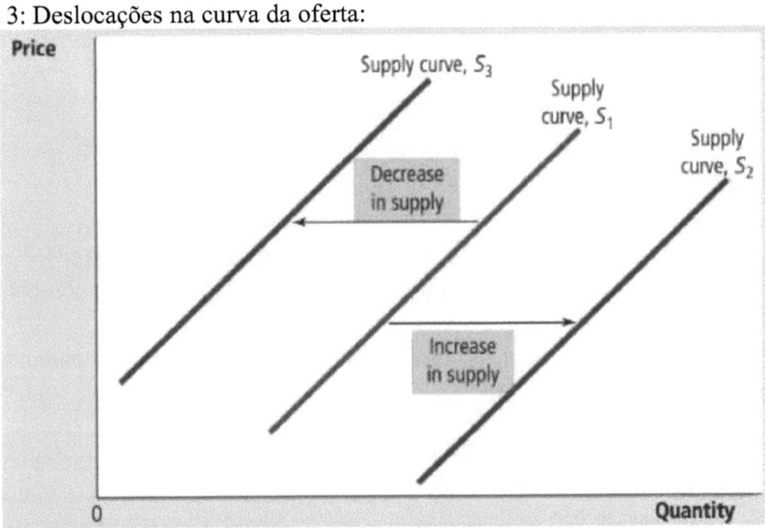

Fonte: MANKIW, G. N. 2011. *Princípios de Macroeconomia.* 2011. p. 75. [cit. 2015-02-08]. Retrieved from: https://financeasim.files.wordpress.com/2014/01/principles-of-macroeconomics- n-gregory-mankiw.pdf

A figura mostra que qualquer transformação que aumente a quantidade que os vendedores desejam produzir em quase todos os preços de oferta ajusta a curva de oferta para a direita. Além disso, qualquer transformação que reduza a quantidade que os vendedores desejam produzir em quase todos os preços de oferta ajusta a curva de oferta para a esquerda.

2.1.3 Factores que afectam a oferta

- O preço dos factores de produção

Para além do preço do bem, que representa um dos principais factores da lei da oferta, o preço dos factores de produção é também uma parte importante desta lei. O preço mais baixo, ao qual uma empresa pode vender o produto sem perder dinheiro, é a quantidade de dinheiro que custa produzir um produto. A produção de um bem ou serviço inclui a utilização de factores de produção e a sua aplicação no processo, a fim de produzir resultados. Os factores de produção são a mão de obra, as matérias-primas, as taxas de licenciamento, os serviços públicos ou outros bens (conhecidos como factores de produção), enquanto a produção é o bem ou serviço finalizado. Assim, se o preço dos factores de produção aumenta, o custo de produção do produto também aumenta. Por conseguinte, a cada preço, os fabricantes precisam de vender o seu produto por mais dinheiro. Com o aumento do preço dos factores de produção, há uma redução da oferta e vice-versa, com uma diminuição do preço dos factores de produção há um aumento da oferta (Georgia State University, 2006).

- O estado atual da tecnologia de produção

A produção de um bem ou serviço inclui a utilização de factores de produção e a sua aplicação no processo, de modo a produzir resultados. Além disso, a tecnologia de produção está incluída no processo. O processo será mais eficaz se houver um aumento do nível da tecnologia de produção. Por exemplo, temos um simples extrator de mel, que envolve a utilização manual de mão de obra humana. Decidimos investir na nossa oficina de tal forma que instalámos um extrator de mel elétrico, com a mais recente tecnologia de produção. Com a utilização desta tecnologia, a operação torna-se mais eficiente e conseguimos aumentar a oferta de mel. Se decidirmos desenvolver-nos ainda mais, talvez se justifiquem algumas melhorias tecnológicas adicionais. Com este desenvolvimento, aumenta a nossa capacidade de oferecer mel porque reduz os nossos custos de mão de obra (Georgia State University, 2006).

- As expectativas do produtor

Não é apenas importante o que está a acontecer atualmente; as expectativas de alguém também podem influenciar a quantidade de um produto que estamos dispostos e somos capazes de vender. Por exemplo, se a nossa empresa produz mel de flores comum, e se ouvirmos dizer que outra empresa vai introduzir em breve um novo sabor de mel com alguns suplementos de ervas que o tornam mais saudável do que o nosso mel de flores comum, nós (e outros produtores) podemos decidir apressarmo-nos a vender o nosso mel às lojas antes que a empresa com um novo sabor de mel apareça.

Quando as pessoas decidem aumentar a produção/venda hoje, estão a aumentar a oferta atual de mel de flores comum devido ao que esperam que aconteça no futuro (Georgia State University, 2006).

- O número de produtores no mercado

Com a entrada de mais ou menos produtores no mercado, ocorre um impacto direto na quantidade que os produtores estão dispostos e são capazes de vender. O aumento da concorrência significa normalmente uma redução da oferta, ao passo que uma menor concorrência dá ao produtor a oportunidade de ter uma maior quota de mercado com uma oferta mais elevada (Georgia State University, 2006).

2.2 Produção

Os processos e métodos utilizados para converter entradas tangíveis (matérias-primas, artigos semi-acabados, subconjuntos), bem como entradas intangíveis (ideias, dados, conhecimentos) em produtos ou serviços. Os recursos são utilizados neste processo para produzir um resultado, que é ideal para consumo ou fornece valor de troca (Dicionário de Negócios).

O bem-estar económico é feito num processo de fabrico, o que significa quase todas as acções económicas que visam direta e indiretamente satisfazer as necessidades das pessoas. O grau em que as necessidades tendem a ser satisfeitas é geralmente reconhecido como uma forma de medir o bem-estar económico. Na indústria transformadora, há duas caraterísticas que descrevem o aumento do bem-estar económico. São elas a melhoria da relação qualidade-preço dos bens e serviços e o aumento dos rendimentos provenientes de uma produção em expansão e muito mais eficaz no mercado (Encyclopaedia Britannica).

Bridgman et al. (2012), define as principais formas de produção:

- produção mercantil;
- produção pública;
- produção doméstica.

Todas estas formas produzem bens, que têm valor e contribuem para o bem-estar das pessoas.

De acordo com Bridgman et al. (2012), o prazer associado às necessidades decorre da utilização de produtos e serviços, que são feitos. O prazer da necessidade melhora se a relação qualidade-preço dos produtos e serviços aumentar e se alcançar mais prazer com menos custos. Reforçar a relação qualidade-preço dos produtos e serviços é, para o fabricante, uma abordagem crucial para aumentar o desempenho da produção; no entanto, este tipo de benefícios distribuídos aos consumidores não pode ser medido com dados de fabrico.

O bem-estar económico também melhora devido ao desenvolvimento dos ganhos que são adquiridos com a produção de mercado em expansão e mais eficaz. A produção mercantil é uma forma de produção exclusiva que gera e atribui rendimentos às partes interessadas. A produção pública e a produção doméstica são patrocinadas pelas receitas geradas pela produção mercantil. Por conseguinte, a produção mercantil tem um duplo papel na criação de bem-estar, ou seja, a parte da produção de produtos e serviços e a parte da criação de receitas. Devido ao seu duplo papel, a produção mercantil pode ser o "motor primordial" do bem-estar económico (Bridgman et al., 2012).

2.2.1 Tipos de produção

- Produção primária

Representam a extração de componentes fundamentais fornecidos pela natureza, tanto acima como abaixo da superfície da terra. Incluindo todos os tipos de indústrias extractivas, como a agricultura, a exploração mineira e a pesca (ClassTalkers).

- Produção secundária

Incluindo a indústria transformadora, por exemplo, as indústrias de montagem, de refinação e de conceção (construção). Estes sectores obtêm as matérias-primas adquiridas pelas indústrias de extração e transformam-nas em artigos (Business Case Studies).

- Produção terciária

Incluindo todos os tipos de sectores de serviços, como os transportes, a comunicação e o turismo (ClassTalkers).

2.2.2 Função de produção

Em economia, a função de produção representa a equação que expressa a relação entre a quantidade máxima de produção que pode ser obtida a partir de um determinado número de entradas (Boundless, 2014). Os inputs são normalmente identificados com os símbolos x na função de produção, enquanto o output é normalmente identificado com o símbolo y (Economics 101). Há uma variedade de factores de produção, ou seja, "factores de produção", no entanto, são geralmente rotulados como capital ou trabalho.

(Tecnicamente, a propriedade (terra) é uma categoria final de factores de produção, embora não esteja normalmente envolvida na função de produção, exceto nas circunstâncias de negócios com uso intensivo de terra). A forma funcional específica da função de produção (ou seja, a descrição particular de f) é determinada pela tecnologia e pelos processos de fabrico específicos que a empresa utiliza (AboutEduaction).

2.2.2.1 Curto prazo

A curto prazo, a quantidade de capital que uma fábrica utiliza é geralmente considerada fixa. (A razão é que as empresas precisam de se dedicar a uma certa dimensão da fábrica, do local de trabalho, etc. e não podem facilmente transformar estas decisões sem um período de tempo muito longo). Consequentemente, a quantidade de mão de obra (L) é o único fator de produção na função de produção de curto prazo (AboutEduaction).

2.2.2.2 Longo prazo

No entanto, a longo prazo, uma empresa tem o horizonte de conceção necessário para transformar não só o número de trabalhadores, mas também o volume de capital, porque pode mudar completamente para outra dimensão de fábrica, local de trabalho, etc. Por essa razão, a função de produção a longo prazo fornece dois factores de produção, que podem ser alterados - mão de obra (L) e capital (K) (AboutEduaction).

A quantidade de trabalho pode assumir várias unidades diferentes - horas de trabalho, dias de trabalho e assim por diante. O volume de capital é, até certo ponto, incerto em termos de unidades, considerando que nem todo o capital é semelhante e que nem todos desejam numerar o martelo tal como o empilhador, por exemplo. Consequentemente, as unidades específicas que são adequadas à quantidade de capital dependem do negócio preciso, bem como da função de produção (AboutEduaction).

A função de produção pode também ser frequentemente designada por curva do produto físico total por vários economistas. O modelo da curva do produto físico total implica que a melhoria do volume de entrada aumenta a produção total. A partir de absolutamente nenhuma entrada, esta curva de produção estará provavelmente em contacto com a origem, caso não existam despesas fixas. Se envolvermos inputs fixos nesta função, isso implica que, com zero inputs ajustáveis, a função de produção vai cortar o eixo y no lugar igual ao input fixo. A curva de produção tem o valor mais alto ou pico. Nesse ponto, os factores de produção adicionais não têm um efeito positivo ou mesmo negativo na função de produção (Economics 101).

De acordo com a Economics 101, a função de produção padrão fornece cerca de três fases, o aumento, a redução ou a diminuição, bem como os retornos marginais negativos. A fase de retorno marginal crescente é o ponto em que uma entrada extra no fator de produção leva a uma melhoria positiva e maior na produção do que a entrada anterior. A redução da rendibilidade marginal indica que qualquer entrada suplementar no processo de produção conduz a um aumento positivo, mas menor, da produção em comparação com a entrada anterior. A rendibilidade marginal negativa garante que um suplemento de uma única unidade de entrada no processo de produção conduz a uma redução da produção global. A sequência particular de aumento, redução e retorno marginal negativo representa o que é conhecido como a lei do retorno marginal decrescente. Esta lei afirma que, à medida que uma série de poucos factores de produção ajustáveis é geralmente incluída sequencialmente no processo de produção, a produção real aumenta, mas na taxa de redução, até um determinado ponto em que um fator de produção adicional pode abrandar toda a produção a uma taxa crescente.

2.2.3 Custos de produção

2.2.3.1 Custos explícitos

Houghton Mifflin Harcourt (2014), afirma que os custos explícitos da empresa consistem em quase todas as despesas explícitas dos factores de produção que a empresa utiliza. Os salários pagos aos empregados, as obrigações para com os fornecedores de matérias-primas, bem como os honorários pagos a credores e advogados estão incluídos na lista dos custos explícitos da empresa.

2.2.3.2 Custos implícitos

Os custos implícitos de uma empresa incluem os custos de oportunidade relacionados com a utilização dos recursos pessoais da empresa, sem obter qualquer tipo de reembolso explícito por todos esses recursos. Por exemplo, uma empresa que utiliza o seu próprio edifício para fins de fabrico renuncia ao rendimento específico que poderia obter através do aluguer do edifício. Outro exemplo é o do proprietário de uma empresa que trabalha com os seus trabalhadores, mas que não obtém rendimentos; o proprietário renuncia à possibilidade de ganhar um salário trabalhando para outra pessoa. Estes custos implícitos não são certamente considerados como despesas no sentido contabilístico; no entanto, são um elemento das despesas da empresa para fazer negócios, por outro lado. Quando os economistas falam de despesas, estão a considerar tanto os custos explícitos como os implícitos (HMH, 2014).

2.2.3.3 Custos fixos

Os custos fixos são geralmente aqueles que não flutuam com a produção e consistem normalmente em rendas, apólices de seguro, depreciação, despesas de instalação e receitas regulares. Além disso, são conhecidos como despesas gerais (Economics Online, 2015).

2.2.3.4 Custos variáveis

Os custos variáveis geralmente flutuam juntamente com a produção, e talvez sejam também conhecidos como custos diretos. Os tipos de custos ajustáveis padrão consistem em gás, matérias-primas e algumas despesas de mão de obra (Economics Online, 2015).

Figura 4: Custo total, custo variável total e custo fixo total:

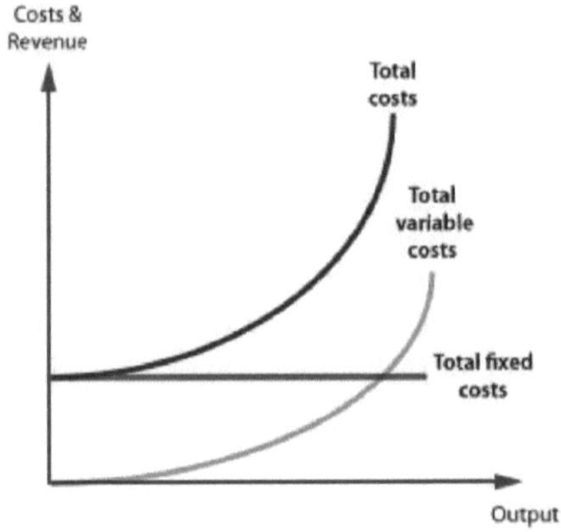

Fonte: Economics Online. 2015. *Custos de produção.* 2015. [cit. 2015-04-08]. Retrieved from:
http://www.economicsonline.co.uk/Business_economics/Costs.html

O gráfico mostra-nos que os custos fixos globais (TFC) são geralmente constantes à medida que a produção aumenta e que a curva é geralmente uma linha horizontal (no gráfico de custos e receitas). O custo variável total (TVC), que mostra a lei dos rendimentos marginais decrescentes. A curva do custo total (CT) representa a curva que consiste nos custos fixos e nos custos variáveis totais (Economics Online, 2015).

3. Objectivos do livro

Duas visões fundamentais da vida económica são a produção e o consumo. No século XIX, os economistas reconheceram que a questão essencial associada à vida económica era como desenvolver a produção. Implícita ou talvez explicitamente, consideraram a base da atividade económica e da teoria económica com a convicção de que a vida e o bem-estar das pessoas dependem da produção de prosperidade. O carácter da pessoa faz com que ela necessite de prosperidade; quase todos os veredictos primários fazem com que a deseje; o problema, segundo eles, é geralmente produzi-la. A teoria económica, consequentemente, poderia negligenciar a necessidade real de consumir, e concentrar-se nas formas e métodos pelos quais a produção poderia ser melhorada (MisesInstitute, 2006). A produção de mel representa um ramo de produção relativamente jovem mas importante a nível mundial. No entanto, nos últimos anos, quando se dá mais ênfase à produção de alimentos saudáveis e orgânicos, o mel aparece como o principal representante. O facto de a produção de mel ser maior ou menor depende principalmente do desenvolvimento da tecnologia utilizada para a sua produção, bem como de condições climáticas e geográficas favoráveis. Além disso, a crise financeira teve um grande impacto na produção de mel em alguns países europeus, enquanto noutros não teve uma influência significativa. A produção de mel, enquanto produção com crescimento e importância crescentes nos últimos anos, continua a ser objeto de vários programas de luta contra as doenças e de preservação dos recursos naturais. A União Europeia apoia a produção de mel através de diferentes programas de proteção.

O principal objetivo desta tese de licenciatura foi o de, através dos dados e informações disponíveis, caraterizar a produção de mel na Europa, bem como a sua importância no futuro e em geral.

Além disso, a definição de objectivos é um procedimento que exige a capacidade de compreender a questão, bem como os conhecimentos teóricos básicos. Consequentemente, os objectivos parciais foram definidos para atingir o objetivo principal:

- analisar a produção mundial e comunitária de mel do ponto de vista económico, utilizando os dados estatísticos disponíveis e informações sobre a dimensão da produção e a estrutura de comercialização;
- analisar a apicultura europeia e os seus aspectos;
- investigar as políticas comunitárias existentes e outros aspectos regulamentares relacionados com a produção de mel.

4. Metodologia

A tese final procurou clarificar o termo produção, centrando-se especificamente na produção de mel na União Europeia. A produção é um dos problemas económicos centrais de cada Estado e, consequentemente, traz muitas outras questões controversas no campo da Economia. A produção é o processo que utiliza meios mecânicos ou químicos habituados a construir um objeto, geralmente recorrendo à construção de vários objectos da mesma peça. Cada Estado precisa de progredir para que a sua produção também progrida. A produção de um produto implica geralmente a utilização de matérias-primas, de equipamentos e de mão de obra. Por conseguinte, parte da nossa tese de licenciatura consiste em analisar os aspectos económicos da produção de mel e rever a informação potencial para uma produção e importância ainda maiores no futuro, bem como o conceito de apicultura.

Em primeiro lugar, escolhemos o objetivo principal, bem como os objectivos parciais, descritos no Capítulo 3, p.14. Para poder cumprir este conjunto de objectivos, foi utilizada a análise da literatura e dos dados disponíveis como tipo de abordagem metodológica.

Em segundo lugar, concentrámos a nossa atenção na recolha de dados na área do mercado de abastecimento e da produção de mel. A recolha foi selecionada a partir de literatura (livros e artigos), trabalhos de investigação, dados online e diferentes estatísticas disponíveis.

Em terceiro lugar, o trabalho elaborado consiste em:
- Análise descritiva - tratamento das conclusões, avaliação e síntese dos resultados.
- Análise - tratamento de dados.
- Elaboração de políticas comunitárias e outros aspectos regulamentares relacionados com a questão da produção de mel.

Toda a informação contida nesta tese final é o resultado da recolha e avaliação de livros, artigos científicos, trabalhos de investigação e estatísticas relevantes de bases de dados online, principalmente FAO, EUROSTAT, COMEXT, Comissão Europeia, CBI, listados na bibliografia.

5. Trabalho elaborado

Nesta parte da nossa tese de licenciatura, concentramos a nossa atenção na análise da produção de mel na UE sob o ponto de vista económico. Examinamos a apicultura da UE e os seus aspectos, bem como investigamos as políticas comunitárias existentes e outros aspectos regulamentares relacionados com a produção de mel.

5.1 Mercado mundial do mel

5.1.1 Produção

Em 2011, a produção mundial de mel representou 1 636 000 toneladas, segundo dados da FAO. A produção foi aumentando gradualmente, mas com frequência nos últimos dez anos, com dois casos especiais em 2007 e 2009.

De acordo com o relatório da Comissão Europeia (2013), a China é o primeiro produtor de mel com 446 000 toneladas, representando 27,3 % do agregado mundial, seguida pela UE com 217 000 toneladas (13,3 %). Os outros principais produtores de mel são a Turquia, com um aumento duradouro do rendimento, a Ucrânia e os Estados Unidos da América. A parte da América do Sul e da América Central diminuiu devido, nomeadamente, a uma quebra crítica da produção na Argentina desde 2005.

5.1.2 Comércio

Cerca de um quinto da criação mundial de néctar é trocado no comércio universal, como indicam as informações da FAO e da COMEXT.

As exportações mundiais têm oscilado entre 300 000 e 360 000 toneladas durante bastante tempo; em 2011, rondaram as 335 000 toneladas. A China aumentou as suas exportações e tem sido o maior exportador mundial nos últimos quatro anos, com mais ou menos 100 000 toneladas em 2011. A Argentina é o segundo exportador, mas as quantidades transaccionadas têm vindo a diminuir e foram, mais ou menos, 72 000 toneladas em 2011 (relatório da Comissão Europeia, 2013).

A União Europeia e os Estados Unidos são os dois principais importadores de mel.

Gráfico 1: Percentagem da produção mundial de mel em 2011 (1 000 t):

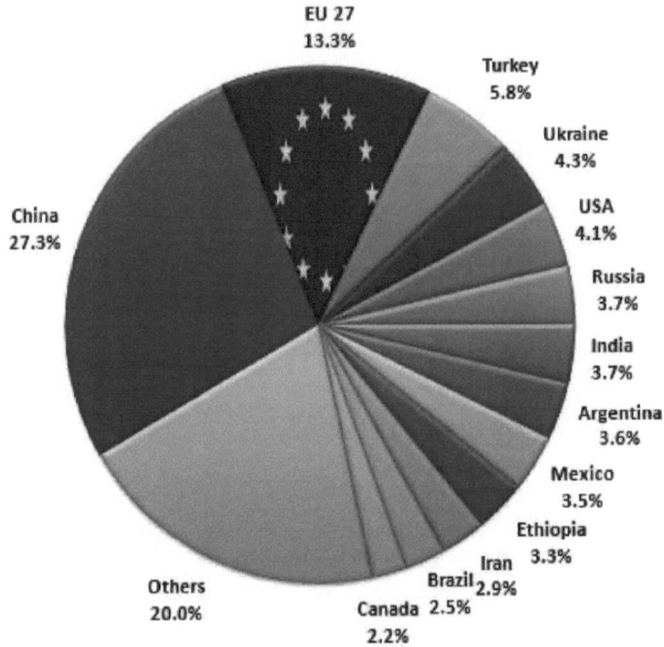

Fonte: Comissão Europeia. 2011. *Relatórios, estatísticas e apresentações sobre o mel: Situação do mercado.* 2011. [cit. 2015-02-25]. Obtido em: http://ec.europa.eu/agriculture/honey/ reports/market-situation_en.pdf

O gráfico acima mostra-nos a quota de cada país na produção de mel em toneladas em 2011.

5.2 Mercado comunitário do mel

5.2.1 Produção

O segundo produtor mundial de mel é a União Europeia, com 217 300 toneladas em 2011, que desempenha um papel muito importante no comércio de produtos apícolas (Comissão Europeia, 2013). Embora a apicultura varie de país para país em termos de rendimento e de práticas apícolas, bem como de diferentes condições de produção, é praticada em todos os Estados-Membros da Europa (FAO 2011).

Os principais produtores de néctar da UE em 2011 foram a Espanha (34 000 toneladas), a Alemanha (25 800 toneladas) e a Roménia (24 000 toneladas), seguidos da Hungria (19 800 toneladas), da França (16 000 toneladas), da Grécia (14 300 toneladas) e da Polónia (13 300 toneladas). A Alemanha e a Espanha são os maiores exportadores europeus de mel de nectarina. As suas tarifas representam mais de 50% do total das exportações da UE. No entanto, o preço europeu continua limitado a menos de 7% da sua criação. A título de exemplo, em 2010, a quota de néctar da UE ascendeu a 14 270 toneladas. Os principais destinos dos produtores europeus de néctar são a Suíça, o Japão, os Estados Unidos e a Arábia Saudita (ACOSEF, 2013).

Conforme indicado pelo Eurostat, a produção de néctar na UE foi de 217 366 toneladas em 2011. A produção da UE registou um ligeiro aumento nos últimos dez anos (+6% desde 2010), com variações anuais negativas e positivas em função das condições climáticas.

O custo do néctar depende do tipo e da natureza do mel e do canal de comercialização; o néctar de mesa (85% do néctar vendido na UE) tem custos mais elevados do que o néctar moderno e os néctares monoflorais têm custos mais elevados (Comissão Europeia, 2013).

No que diz respeito ao canal de negócio, os apicultores obtêm o valor mais surpreendente quando oferecem diretamente aos compradores; a segunda melhor alternativa é oferecer mel adaptado aos retalhistas e em terceiro lugar vêm os negócios com embaladores e comerciantes (Comissão Europeia, 2013).

De acordo com a Comissão Europeia (2013), a maior parte do mel da UE é vendida especificamente aos compradores pelos apicultores; este facto está igualmente relacionado com a extensa natureza não-profissional da apicultura na maior parte dos Estados-Membros. No entanto, existe uma certa singularidade de direcções de negócio na UE; por exemplo, em Espanha, uma parte predominante da produção é vendida à área de preparação/prensagem, de acordo com a maior profissionalização da divisão aí existente.

Figura 5: Produção de mel da UE (27) por Estado-Membro em 2011 (toneladas):

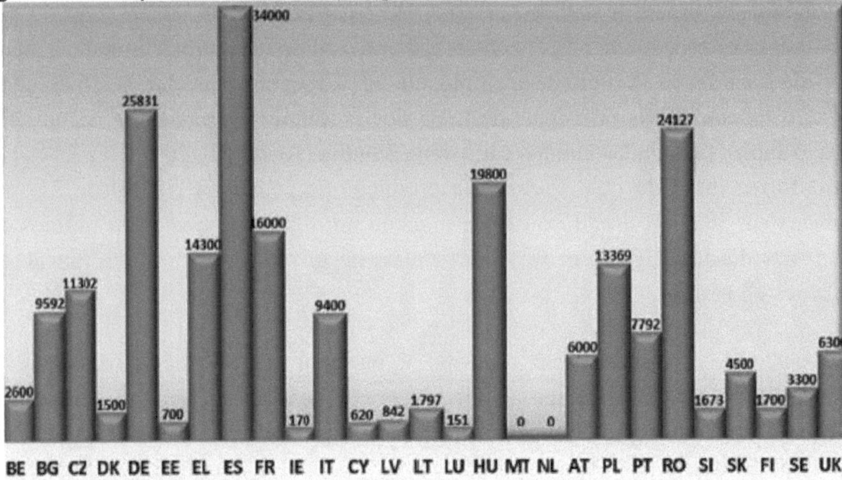

Fonte: Organização das Nações Unidas para a Alimentação e a Agricultura (FAO). 2011. *Mel*. 2011. [cit. 2015-02-11]. Recuperado de: http://ec.europa.eu/agriculture/honey/index_en.htm

Como se pode ver na figura 5, os três maiores produtores de mel são a Espanha, a Alemanha e a Roménia. Em comparação com outros países europeus, estes três países dominam este sector de produção. A razão para isso é um clima adequado e a disponibilidade de maquinaria apropriada necessária para a produção de mel.

5.2.2 Comércio

De acordo com a Comissão Europeia (2013), a UE é um comerciante líquido de néctar, uma vez que a criação da UE cobre apenas 61,6 % da sua utilização. O nível de utilização tem-se mantido muito estável ao longo dos anos, com um valor normal de cerca de 0,70 kg/cabeça.

Os três principais produtores de néctar na UE são a Espanha, a Alemanha e a Roménia, com um rendimento específico em 2011 de 34 000, 25 831 e 24 127 toneladas. Outros Estados-Membros com produção crítica são a Hungria (19 800 toneladas), a França (16 000 toneladas), a Grécia (14 300 toneladas) e a Polónia (13 369 toneladas) (Comissão Europeia, 2013).

A Comissão Europeia (2013) afirma que as importações comunitárias de néctar oscilam entre 120 000 e 150 000 toneladas desde 2000. Em 2012, a União Europeia importou 149 248 toneladas de néctar, essencialmente da China, com 63 961 toneladas

(43 % do total), seguida da Argentina (22 344 toneladas). A oferta de importações chinesas tem-se expandido continuamente desde 2008 devido aos baixos custos, enquanto, paralelamente, a oferta de importações argentinas diminuiu. O México é o terceiro fornecedor, com 21 249 toneladas, e a Ucrânia o quarto, com 8 949 toneladas.

O Eurostat (2013) afirma que a Alemanha é o principal Estado-Membro importador, com mais de 33% do agregado em 2012.

Os valores unitários médios de importação de néctar na UE aumentaram após 2010 e atingiram 2,08 €/kg em 2012. O néctar chinês tem o valor unitário mais reduzido, 1,44 €/kg. Os valores unitários normais de importação de néctar para outros fornecedores principais da UE são: 1,83 €/kg para a Ucrânia, 2,23 €/kg para a Argentina e 2,44 €/kg para o México (Comissão Europeia, 2013).

De acordo com a Comissão Europeia (2013), o comércio a partir da União expandiu-se após 2010, atingindo 14 275 toneladas em 2012 (+ 33%). No entanto, continuam a limitar-se a menos de 7 % da criação. Os destinos fundamentais das tarifas da UE não se alteraram após 2010: Suíça, Japão, Arábia Saudita e Estados Unidos da América. A Alemanha e a Espanha são os principais exportadores da UE; estes dois Estados-Membros representam, em conjunto, mais de 50 % das tarifas da União.

O néctar médio envia o valor unitário da União sempre aumentou após 2010 e chegou a 5,14 € / kg em 2012. Como resultado, a fenda no meio das qualidades unitárias de importação e tarifa tornou-se significativamente mais extensa e é mais ou menos cerca de 3 € / kg. Este diferencial de qualidade pode ser esclarecido pelo facto de as trocas comerciais da UE incluírem, na sua maioria, néctar prensado de excelente qualidade, enquanto as importações incorporam grandes volumes de néctar menos dispendioso em suportes maiores utilizados para misturar e para o negócio da alimentação (Comissão Europeia, 2013).

5.3 Dimensão da produção

De acordo com dados da FAO (2011), a produção mundial de mel pode chegar a 1,4 milhões de toneladas se nesse ano houver uma boa colheita. No entanto, os dados do relatório estatístico das organizações da FAO de 2007 apontam para uma diminuição da produção, apenas 1,1 milhões de toneladas de mel. A culpa deste declínio foi atribuída à China, cujas fontes industriais não coincidem com a afirmação de que houve uma queda da produção de mel na China, nem com a queda da produção na China em geral. A União Europeia tem também um papel importante na produção mundial de mel, que em 2007 totalizou 189 mil toneladas ou 13% da produção mundial (China 21%, Turquia 6%, Argentina 6%, Ucrânia 5%, EUA 5%).

Valorização da produção de mel, que a União Europeia efetivamente contribuiu para lhe dar o direito de representar o elo essencial na produção e importação de mel. Após a entrada da Polónia, Bulgária, Hungria e Roménia na adesão, como países com produções de mel distintas, verificou-se um aumento da taxa de autossuficiência da União Europeia desde 2000 (FAO 2011).

Quadro 1: Dados do balanço de mercado do mel na UE (27) (toneladas):

Year	Usable production (1000 t)	Imports (1000 t)	Exports (1000 t)	Population (million)	Consumption (1000 t)/(kg/head)		Self Sufficiency %
2008	200	142	10	495	332	0.6	60.2
2009	203	137	9	499	331	0.6	61.3
2010	224	148	11	501	361	0.7	62.0

Fonte: Comissão Europeia. 2015. *Esforços da UE para a saúde das abelhas*. 2015. [cit. 2015-01-27]. Recuperado de: http://ec.europa.eu/food/animals/live_animals/bees/health/index_en.htm

Como se pode ver no Quadro 1, a produção e o consumo registaram um ligeiro aumento entre 2008 e 2010, enquanto as exportações e importações sofreram flutuações. A percentagem de autossuficiência aumentou com a chegada dos novos Estados-Membros.

De acordo com o Relatório Final sobre Agricultura e Desenvolvimento Rural (2009), na UE, apenas a Espanha, a Hungria e a Roménia são totalmente auto-suficientes. Por exemplo, na Hungria, cerca de 2/3 da produção é exportada, enquanto a percentagem de mel importado é muito baixa. O comércio de mel também se efectua entre os membros da UE. Na Europa, a Hungria, a Espanha e a Alemanha são os principais fornecedores de mel. Ao mesmo tempo, o maior importador e exportador de mel é a Alemanha. Um facto interessante é que nas exportações alemãs, para além do mel produzido na Alemanha, também se inclui o mel produzido noutros países. A Itália importa mel na mesma quantidade em que exporta, enquanto a Letónia, a Roménia e a Polónia são os países exportadores. A média de importação e exportação

Os preços do mel na UE são muito semelhantes e rondam os 3,2 euros/kg. O Reino Unido, a Grécia e a França são os países onde o preço de exportação do mel é superior ao preço de importação, com uma diferença de 1-1,5 euros/kg. Estas informações, bem como outras relativas ao comércio de mel na União Europeia, garantem-nos a base de dados COMEXT.

No período de 2007, a Espanha, enquanto país que produz mais mel do que consome, representa o exportador líquido de mel. As importações provêm maioritariamente dos países da terceira linha, enquanto as exportações se destinam à UE. Com a Alemanha e a França como destinos significativos, as exportações de mel que se destinaram aos países da UE ascenderam a 88,6% em 2011. 75% das importações chegam de países fora da UE, por exemplo, da China e da Argentina. No âmbito da União Europeia, Espanha importou principalmente da Alemanha, França e Portugal (Relatório Final sobre Agricultura e Desenvolvimento Rural, 2009).

5.4 Estruturas de comercialização da produção de mel da UE - Vendas diretas

De acordo com o Relatório Final sobre Agricultura e Desenvolvimento Rural (2009), as vendas diretas de mel aos clientes, provenientes dos apicultores, representam 70% da produção total de mel na Alemanha e na Grécia, enquanto 30% representam vendas através de retalhistas locais. A investigação na Grécia refere o facto de que pode não ser rentável para os apicultores médios e pequenos que as grandes empresas vendam o seu mel.

Por exemplo, a situação na Hungria, de acordo com a OMME e Bartos (2008), é bastante diferente. As vendas diretas ao cliente representam 13% do consumo, enquanto 87% representam vendas através de intermediários. A razão para a baixa taxa de vendas diretas é a elevada percentagem de exportações. De facto, 2/3 da produção de mel são exportados. Em Espanha, o mel é vendido principalmente a grossistas ou à indústria (49%), depois por intermédio de cooperativas (29,5%), em seguida por venda direta ao consumidor (10,8%) e por venda em frascos a retalhistas (10,6%).

A venda direta tem os seus aspectos positivos e negativos. O lado bom é que conduz a melhores preços e o lado mau é que os apicultores, às suas próprias custas, têm de completar todas as tarefas e fases pelas quais o mel tem de passar, bem como efetuar uma análise adequada. A venda direta não é assim tão má para os produtores que dispõem de activos monetários e de produção suficientes, mas para os principiantes com fundos insuficientes pode ser uma grande despesa (Relatório Final sobre Agricultura e Desenvolvimento Rural, 2009).

Como descreve o Relatório sobre Agricultura e Desenvolvimento Rural (2009), antes da venda, o mel tem de passar por determinadas acções. A produção final do mel implica um grande trabalho. O mel tem de ser recolhido, extraído, puro e examinado quimicamente.

Segundo o Relatório Final sobre Agricultura e Desenvolvimento Rural (2009), após o processo de recolha e extração do mel pelos apicultores, o mel tem de passar por determinadas fases. O mel tem de ser refinado por coagem ou decantação:

- Coagem: O mel deve ser bem aquecido a uma temperatura de cerca de 30° - 35°

C. Em seguida, é necessário escorrer através de um coador, que eliminará a cera e outros pequenos elementos, e finalmente vertido para um depósito de mel.

- Decantação: Quando o mel é colocado num tanque para mel, é necessário que seja mantido a uma temperatura de 25°C, para que a cera, bolhas e outras coisas que não removemos com o processo anterior, venham à superfície.

5.5 Apicultura na UE

De acordo com Pidek (2004), a União Europeia continua a crescer em dimensão, com a adesão de 10 países nos últimos dez anos. O número de participantes aumentou de 15 para 20. Estas mudanças específicas em 10 países que ascenderam à União Europeia são de facto profundas. Quando se trata de mudança, a apicultura não deve recuar. A comparabilidade dos 15 membros anteriores demonstra que o nível tecnológico e as capacidades dos apicultores são idênticos. Índices económicos como a produção de mel proveniente de colónias de abelhas, bem como a quantidade de colónias de abelhas por cada 1 km^2 são idênticos, sendo o primeiro de 15 kg e o segundo de 3. Os dados relativos à apicultura nos países em ascensão são extremamente diversificados. A produção efectiva de mel na UE após a adesão aumentará de 130 para 182 mil toneladas. A quantidade de mel importado após a adesão de 10 novos países aumentará em 4,3 mil toneladas, bem como a quantidade de exportação em 16,2 mil toneladas. É provável que este tipo de avaliações se desenvolva com a unificação das condições económicas em todos os países da UE. A UE deveria igualmente unificar os critérios em todos os Estados participantes. A apicultura europeia tem uma grande tradição que contribui para o conhecimento e a ciência actuais. Tudo isto traz uma variedade de inovações e conhecimentos e reflecte-se na multiplicidade de novos dispositivos tecnológicos. Atualmente, existem mais de 20 tipos de colmeias na Europa. Ao longo do tempo, com a mudança das condições climáticas durante o período de atualização dos países (como nos antigos 25 estados membros), alguma especialização na produção de mel seria um aumento sensato na dimensão do território da UE. No futuro, a produção de mel no Norte da Europa deverá ser restringida e a produção deverá concentrar-se nos países europeus de clima temperado. Para melhorar a qualidade do mel vendido, é necessário subsidiar mais a apicultura dos novos Estados-Membros, nomeadamente para investimentos em infra-estruturas. A renúncia a certos benefícios comerciais para a África e a Ásia permitiria alcançar este objetivo. Para garantir que estas modificações sejam possíveis, é necessário que todos os 25 Estados-Membros da UE sejam coerentes e unidos na tomada das acções correspondentes.

5.5.1 Aspectos quantitativos

De acordo com o programa nacional de apicultura para 2011-2013, existem cerca de 500 000 apicultores que possuem cerca de 14 milhões de colmeias na UE. O limiar de 150 colmeias foi inicialmente ajustado em Espanha, mas depois começou a aplicar-se a todos os membros da União Europeia. Por exemplo, um relatório publicado na rede COLOSS considera que um apicultor que tenha mais de 50 colmeias é um apicultor profissional, enquanto a apicultura familiar é por vezes classificada como não profissional apesar do número de colmeias, que excede duas vezes o limite acima referido.

Se tivermos em conta o parâmetro da UE >150 colmeias, podemos ver que 95% dos apicultores europeus são não profissionais que detêm aproximadamente 60% das colmeias europeias. Entre os apicultores não profissionais não se incluem apenas os apicultores amadores, porque a maior parte deles ganha a vida com a apicultura, ao passo que os incentivos económicos e o lucro não são a principal atração para os apicultores amadores (Relatório Final sobre Agricultura e Desenvolvimento Rural, 2009).

Desde 1965, registou-se uma diminuição do número de apicultores em atividade na Europa, o que fez com que o número de colmeias no período de 1965 a 2010 diminuísse 25% (FAO 2011).

Desde 1965, o número de colónias de abelhas diminuiu na Europa Ocidental e Central, enquanto nos países mediterrânicos, com destaque para Espanha, Portugal, Itália e Grécia, se verificou um ligeiro aumento no período entre 1965 e 2005 (Relatório Final sobre Agricultura e Desenvolvimento Rural, 2009).

Figura 6: Número total de colmeias a nível da UE desde 1990:

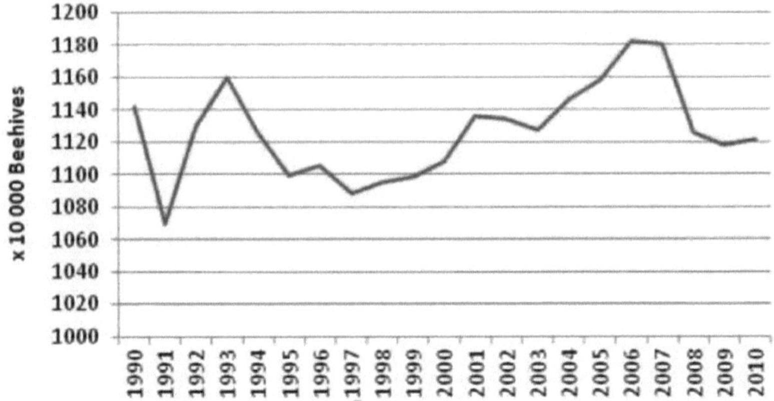

Fonte: Direção-Geral da Agricultura e do Desenvolvimento Rural. 2009. *Avaliação das medidas da PAC relacionadas com a apicultura: Panorâmica do sector apícola.* 2009. [cit. 2015-03-14]. Obtido em: http://ec.europa.eu/agriculture/evaluation/market-and-income-reports/2013/apiculture/chap3_en.pdf

Como se pode ver na figura 6, o número de colmeias na UE foi o maior em 2006. Este foi o período anterior à crise. A partir de 2007, registou-se um declínio dramático do número de colmeias devido à crise.

Em 2007, na Grécia, a apicultura encontrava-se em estado grave devido ao calor extremo dos últimos anos. Por esta razão, foi formado um comité especial denominado ELGA (Seguro Agrícola Grego), que reduziu a produção deste ano em comparação com os níveis normais em 50% no Sul da Grécia e Ilhas Jónicas, 45% no Norte e Centro da Grécia e 55% nas Ilhas do Egeu e Creta (Relatório Final de Agricultura e Desenvolvimento Rural, 2009).

Figura 7: Produção de mel na UE(26):

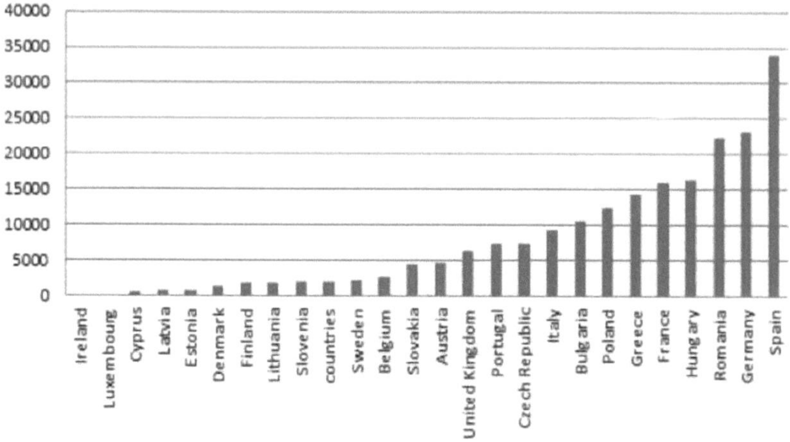

Fonte: Direção-Geral da Agricultura e do Desenvolvimento Rural. 2009. *Avaliação das medidas da PAC relacionadas com a apicultura: Panorâmica do sector apícola.* 2009. [cit. 2015-03-14]. Obtido em: http://ec.europa.eu/agriculture/evaluation/market-and-income-reports/2013/apiculture/chap3_en.pdf

Como se pode ver na figura 7, a produção de mel é maior em Espanha, enquanto na Irlanda quase não existe. A razão para este facto é a condição climática. Enquanto a Espanha é um país extremamente quente, com muitos dias de sol, a Irlanda é muito diferente.

5.5.2 Aspectos qualitativos

Embora os apicultores aumentem frequentemente a produção de mel monofloral, a União Europeia produz principalmente mel polifloral. É o caso, nomeadamente, dos países cujo ambiente é propício à produção de mel monofloral, como a Hungria. O segundo exemplo é o da maioria das regiões espanholas que produzem habitualmente mel multifloral: mel de urze na Cantábria, mel de flor de laranjeira em Múrcia e Valência, mel monofloral com eucalipto, melada e floresta na Catalunha (Relatório Final sobre Agricultura e Desenvolvimento Rural, 2009).

Na Alemanha, a investigação revelou que 1/3 do mel é vendido como mel monofloral. Concluíram também que esta quantidade seria superior se a análise físico-química não fosse tão dispendiosa.

De acordo com o Relatório sobre Agricultura e Desenvolvimento Rural (2009), o mel de acácia é produzido a partir de madeira de alfarrobeira negra, que está representada em toda a Europa e é um dos principais meles monoflorais produzidos na UE. É produzido principalmente na Bulgária, Roménia e Hungria, bem como noutros países europeus. Outros tipos de mel são o mel de alfazema, de rosmaninho, de girassol, de tília, de laranjeira, de tomilho e de floresta.

Na Grécia, 70% da principal produção de mel representa mel de melada. O preço do mel e a procura crescente de mel biológico são influenciados por vários factores, que vão desde a origem geográfica ou origem floral específica, passando pelas suas propriedades activas, até à qualidade, integridade e valor nutricional (Relatório Final sobre Agricultura e Desenvolvimento Rural, 2009).

De acordo com o Relatório Final sobre a Agricultura e o Desenvolvimento Rural (2009), na União Europeia, existem 16 categorias de mel que estão sob a designação de Denominação de Origem Protegida, mais 3 categorias sob a designação de Indicação Geográfica Protegida. Uma destas categorias pertence à Grécia: Vanilla FirTree of Mainalo Mountain (DOP).

De acordo com a FAO (2011), o preço médio do mel na Alemanha é de cerca de 8 euros/kg, enquanto o preço do mel de origem botânica ascende a 16 euros/kg. O preço do mel de acácia na Hungria é de cerca de 7-7,5 euros/kg.

Os únicos dados disponíveis sobre os preços do mel na Europa constam do sítio FAOSTAT. O preço do mel na Europa Oriental e Meridional varia entre 1200 e 2800 euros/tonelada, sendo na Grécia superior a 2800 euros/tonelada. Na Europa do Norte, o preço é de cerca de 3200-5600 euros/tonelada, enquanto no Reino Unido varia entre alarmantes 6400-9600 euros/tonelada. Na Europa Ocidental, o preço situa-se entre 4800-6400 euros/tonelada (FAO 2011).

5.5.3 Ameaças para o sector

Uma das ameaças com que se confronta o mel na Europa, está relacionada com os problemas sanitários do mel. Em relação aos problemas de saúde das abelhas, está organizado um consenso entre a comunidade científica. As razões para a perda de colónias nos EUA e na Europa são multifactoriais. Uma das principais razões é a doença contagiosa Varroa spp. Entre os outros factores, podem também incluir-se uma variedade de doenças e parasitas, factores climáticos, problemas de saúde da rainha, problemas alimentares, perda de versatilidade genética, bem como factores ambientais. A AESA distingue quatro grupos de factores: factores químicos, factores biológicos, factores ambientais e práticas apícolas (Relatório Final sobre Agricultura e Desenvolvimento Rural, 2009).

Além disso, as taxas imprevisíveis e muito elevadas de perdas de colónias ameaçam a sustentabilidade dos sistemas de produção na Europa (FAO 2011).

5.5.4 Oportunidades para o sector

Tal como o Relatório Final sobre Agricultura e Desenvolvimento Rural (2009), as oportunidades de reivindicação incluem uma variedade de formas de reduzir estas ameaças, tais como investigação aplicada ou sistemas de rastreio. Além disso, procurar soluções para aumentar a rentabilidade da apicultura.

São necessários conjuntos de dados fiáveis para manter registos que indiquem o declínio da sociedade das abelhas, bem como a forma de identificar as causas e encontrar soluções (FAO 2011).

Há inúmeros exemplos de diferenças significativas nos dados. Considerando isso, recomenda-se a adoção de métodos padronizados de pesquisa, critérios, protocolos de possíveis perdas e o desenvolvimento de programas de pesquisa (Agriculture and Rural Development Final Report, 2009).

5.5.5 Interesse pela apicultura

De acordo com Pidek (2004), o número de indivíduos envolvidos na apicultura não está normalmente relacionado com o número total de habitantes de um determinado país. Por exemplo, na República Checa, onde a população é três vezes menor do que na Polónia, o número de apicultores é efetivamente maior, ao contrário da Hungria, onde a população é semelhante à da República Checa, mas o número de apicultores é inferior em 2/3. A República Checa, a Eslovénia e a Eslováquia têm a maior percentagem de habitantes envolvidos na apicultura. Não existe qualquer diferença importante neste domínio específico entre a UE 15 e os países que aderiram recentemente (UE 10).

Pidek (2004) afirma que o rácio específico de apicultores na UE 10 em relação ao número total de apicultores na UE 25 é superior em 10 pontos percentuais ao rácio correspondente das populações (da UE 10 e da UE 25).

Pidek (2004) afirma que nos países da UE recentemente acedidos (10) é possível encontrar cerca de 8.350 apicultores industriais (5%) e na UE 15 é possível encontrar 15.072 apicultores industriais (3,2%).

5.5.5.1 Estrutura do apiário

De acordo com Pidek (2004), a medição comum dos apiários na UE 15 e na UE 10 é semelhante. Pode ser de 19 ou 21 colónias de abelhas, respetivamente (Quadro 2). Na UE 10, as diferenças são significativas, variando de 9 a 51 colónias no apiário. As colónias de abelhas mantidas nos apiários da UE 10 representam 22% do número total de colónias na atual UE (25).

Quadro 2: Dimensão dos apiários:

País	Número de colmeias (em 1000)	Dimensão média do apiário (colmeias/1 apiário)
Chipre	41,0	51-3
República Checa	565,0	9.2
Estónia	47,0	17.4
Hungria	605,0	37.8
Letónia	54,0	18.0
Lituânia	41,0	12.1
Malta	3,0	20.0
Polónia	800,0	16-0
Eslováquia	262,0	13.2
Eslovénia	165,0	17.4
UE 10	2585,0	21.2
UE 15	8877,0	18.8
UE 25	11462,0	17.9
EU10 em relação aEU25 (em %)	22.5	

Fonte: PIDEK, Andrzej - POHORECKA, Krystyna. 2004. Aspectos económicos da apicultura em 10 países que ascendem à União Europeia. In: Journal of Apicultural Science, Vol. 48/2004, pp. 43-52. [cit.2015-01-15]. Retrieved from:http://www.google.rs/url?sa=t&rct=j&q=&esrc=s&source=web&cd=1&ved=0CCMQFjAA&url=http%3A%2F%2Fwww.jas.org.pl%2Fpdf%2F56%3Nome do ficheiro%3Djas_48_2_2004_5.pdf&ei=ZYZAVbDpNsnkaojVgIAG&usg=AFQjCNHOWpeYRdFNGIO03TI1hyn1ypfKg&sig2=Llz45XdOjkgtBst_Y6EDUg

Nos países da UE 15, há mais apiários industriais do que na UE 10. Neste grupo, encontram-se apiários categorizados com uma dimensão de 300 colónias na UE 15 e de 150 colónias na UE 10. Em ambos os grupos, há uma propensão para o desenvolvimento da extensão do apiário. Recentemente, existem 35 000 apiários comerciais na UE 25. Os maiores apiários encontram-se em países europeus de clima quente (Pidek, 2004).

- **Número de colónias de abelhas vs. condições de polinização de plantas entomófilas**

De acordo com Pidek (2004), o número total de colónias de abelhas na UE-10 é de 2,6 milhões. Nos anteriores Estados associados à UE (UE 15), existe uma média de 2,8 colónias por cada 1 km2. Nos Estados que aderiram recentemente, há 3,5 colónias por cada 1 km2. Por conseguinte, a apicultura cria condições médias para as culturas que requerem polinização na UE 25, tal como acontece com os indivíduos da UE 15. Por outro lado, nos Estados de interesse, a diferença real é essencial: de 0,7 a 10 colónias por cada 1 km2. Existe uma necessidade específica de alterar este requisito; no entanto, isso deve ser feito numa base de país para país. De acordo com Pidek (2000), na Polónia, o número de colónias de abelhas, embora a Polónia seja o mais elevado de todos os 10 estados que têm ao mesmo tempo a maior região ocupada, não assegura uma polinização muito boa. O número precisa de ser duplicado para atingir este objetivo.

5.6 Dia Nacional da Abelha Melífera

O Dia Nacional da Abelha Melífera foi iniciado por apicultores com o objetivo de chamar a atenção do grupo para a indústria da abelha melífera, através da formação e da promoção (Dia Nacional da Abelha Melífera, 2011).

A data do Dia Nacional da Abelha Melífera foi particularmente escolhida para não interferir com outros polinizadores nacionais, projectos de mel e encontros nacionais/provinciais. De acordo com o Dia Nacional da Abelha Melífera (2011), precisavam igualmente de uma data que fosse vantajosa para os apicultores que têm néctar, antes do início do calendário escolar e antes do inverno se instalar antes do previsto nos estados do norte. Com este espírito, precisavam de um programa autónomo, especialmente dirigido aos apicultores e ao desenvolvimento da apicultura. O seu objetivo é integrar o maior número possível de associações, clubes de abelhas e projectos individuais.

- 2009 - De acordo com o Dia Nacional da Abelha Melífera, o primeiro projeto do Dia Nacional da Abelha Melífera teve lugar a 22 de agosto de 2009. O que começou por ser uma ideia simples transformou-se imediatamente num esforço nacional. Visto como um sistema destinado apenas às associações de abelhas, foi imediatamente reconhecido o número de pessoas que estavam a ter o mesmo efeito em grupos e a realizar projectos em todo o país. Em pouco tempo, tinham 41 projectos de participação reconhecidos em 16 estados. O principal Dia Nacional da Abelha Melífera (também conhecido como Dia Nacional da Consciencialização sobre a Abelha Melífera) foi percebido com um decreto emitido no dia 11 de agosto de 2009 por Thomas J. Vilsek, o Secretário da Agricultura dos Estados Unidos da América. Numerosas pessoas comprometeram-se com a prosperidade do programa e este prosseguiu com efeitos no negócio.

- 2010 - Muitas mudanças aconteceram no Dia Nacional da Abelha Melífera em 2010. Um dos principais problemas que faltaram no início do projeto foi não ter sido registado como uma instituição de caridade. O financiamento e o apoio eram extremamente limitados. Por conseguinte, em meados de 2010, a Pennsylvania Apiculture Inc. foi criada e documentada como 501c na Commonwealth da Pensilvânia. A PennApic, como é conhecida, é atualmente a supervisora do programa do Dia Nacional da Abelha Melífera. Com o passar do tempo, há capacidade de adaptação, inovação e dinamismo na construção do programa do Dia Nacional da Abelha Melífera nos próximos anos (National Honey Bee Day, 2011).

  2010 foi também o nosso primeiro ano com um tema transversal escolhido pelos apicultores de todo o país num inquérito. O tema foi "Mel local - bom para as abelhas, para si e para o ambiente". Esta mensagem está de acordo com as estimativas do Centro do programa do Dia Nacional da Abelha Melífera (Dia Nacional da Abelha Melífera, 2011).
  O NHBD foi alargado em 2010 para incorporar 49 projectos de interesse em 22 estados.

- 2011 - Um inquérito realizado em todo o país escolheu "Construir um futuro sustentável, uma flor de cada vez" como tema para o programa do NHBD 2011. O tema triunfante foi elaborado por Michael Adamson, Madison Carolina do Norte (National Honey Bee Day, 2011).

5.6.1 O tema do Dia Nacional da Abelha Melífera de 2015

O tema do Dia Nacional das Abelhas Melíferas de 2015, "Boicotar a Ignorância, Não as Abelhas Melíferas", está quase associado à estimativa do Centro do NHBD e a um dos objectivos subjacentes aos programas de presença do NHBD. Instruir a sociedade em geral sobre a apicultura, ao mesmo tempo que ajuda o público em geral a compreender o significado e os compromissos que as abelhas dão. Existem numerosas regiões em todo o país, com proibições restritivas ou totalmente proibidas à apicultura. O esforço aberto e a formação são significativos no crescimento e, não obstante, na manutenção da capacidade de manter as abelhas melíferas. Além disso, a nossa confiança é utilizar o NHBD como uma abordagem para ajudar nestes esforços (Dia Nacional da Abelha Melífera, 2015).

De acordo com o Dia Nacional da Abelha (2015), cada reunião de apicultores pode ajudar através de qualquer tipo de efeito. Não é preciso olhar muito longe para ver leis de zoneamento, estatutos municipais e outras formalidades administrativas, proibições e até mesmo a proibição interna e externa da apicultura em alguns territórios. A formação e a educação são fundamentais.

As abelhas melíferas são tão importantes atualmente como sempre foram. A diminuição dos polinizadores locais, devido a um grande grupo de razões, afecta a horticultura próxima e numerosos jardins relvados. Os apicultores não são apenas fundamentais para a criação de sustento em grande escala. Os apicultores de terraço são essenciais para a fertilização do bairro. Para além disso, o ambiente de vizinhança de geração de sustento para criaturas selvagens e animais alados está sujeito a esta mesma fertilização. Os apicultores preenchem o vazio com as suas abelhas melíferas. É assim tão simples (Dia Nacional da Abelha Melífera, 2015).

De acordo com o Dia Nacional da Abelha Melífera (2015), o projeto do Dia Nacional da Abelha Melífera enviará um pacote de consideração com autocolantes de proteção e outro material acessível, aos grupos de abelhas melíferas que tentam abrir a apicultura em grupos próximos.

5.7 Mel - Declaração de origem

Política: De acordo com a FDA (2015), um néctar pode ser marcado com o nome da planta ou flor, desde que a planta ou flor específica seja a fonte floral principal do néctar, por exemplo, "Mel de flor de laranjeira" ou "Mel de trevo", e desde que o fabricante do néctar esteja em condições de demonstrar que a planta ou flor designada na marca constitui a fonte botânica principal do néctar.

5.7.1 Código de Práticas e Programa Nacional de Biossegurança das Abelhas

Há cerca de 3 anos que a indústria das abelhas e a Plant Health Australia (PHA) têm tentado atualizar planos de jogo de biossegurança convincentes para os apicultores de toda a Austrália.

Garantir que a indústria da abelha melífera tenha a capacidade de supervisionar melhor os incómodos seguros, e ter um reconhecimento estabelecido para o reconhecimento atempado de vermes coloridos, por exemplo, o inseto Varroa, é discriminatório para a futura capacidade de gestão e razoabilidade da indústria australiana da abelha melífera e da fertilização (AHBIC, 2015).

De acordo com a AHBIC (2015), os vermes instalados estão a provocar danos monetários e sociais progressivos e dignos de nota e é necessário criar um outro sistema de administração para limitar o efeito nos apicultores individuais e na indústria e economia mais alargadas.

Por conseguinte, a AHBIC (2015), tem estado a trabalhar com os governos estatais, o governo regional e a PHA para criar um Código de Práticas de Biossegurança obrigatório e um Programa Nacional de Biossegurança das Abelhas para a indústria das abelhas melíferas na Austrália. O processo de portagem de néctar, que tem sido frutífero desde há pouco tempo, e que constrói o empreendimento de biossegurança da indústria das abelhas melíferas, tem em consideração a contribuição anual de 400 000 dólares da indústria para este programa proposto.

Os pioneiros da indústria e os governos têm estado a tentar aperfeiçoar o Código e o Programa e esta é a oportunidade ideal para toda a indústria ver o que é proposto e dar a sua opinião sobre o seu conteúdo (AHBIC, 2015).

5.8 Implementação de programas apícolas nacionais

5.8.1 Objectivos e medidas elegíveis

De acordo com a Comissão Europeia (2013), o objetivo geral do sistema é melhorar as condições gerais para a criação e exposição de produtos apícolas na União. Seis medidas com objectivos específicos estão qualificadas para apoio e podem ser incorporadas nos projectos apícolas nacionais dos Estados-Membros; estão registadas no artigo 106.º do Regulamento "OCM única" e não sofreram alterações após o último relatório.

- O apoio especializado (assistência técnica) tem por objetivo aumentar a produtividade da criação e da exposição através da apresentação de melhores procedimentos. Inclui a associação de cursos fundamentais para novos concorrentes e o prosseguimento da formação para apicultores experientes e responsáveis de agrupamentos ou cooperativas; as aulas de formação referem-se especificamente a áreas como, por exemplo, a criação e a luta contra as doenças, a recolha e o agrupamento, a armazenagem e o transporte do mel e a publicidade. A exposição de apiários e o sistema de especialistas/profissionais da apicultura têm em conta a difusão de informação especializada útil. A medida pode igualmente ser utilizada para apoiar a modernização do segmento através da compra de material de extração pelos apicultores (Comissão Europeia, 2013).

- Segundo a Comissão Europeia (2013), o objetivo da prevenção da varroose é controlar a infestação das colmeias por este parasita endémico. A varroose é criada por um inseto que debilita a estrutura insuscetível das abelhas melíferas e expande as contaminações facultativas das abelhas melíferas por infecções. A varroose está a diminuir muito a produção de néctar na UE, provocando a perda de estados de abelhas melíferas se não for tratada. Uma vez que a varroose não pode ser totalmente aniquilada, a melhor maneira de evitar os seus resultados é tratar as colmeias com rotinas e artigos confirmados. É importante um compromisso financeiro para ajudar os criadores a suportar o custo do consumo adquirido no tratamento adequado das colmeias (artigos, equipamento, por exemplo, redes de cobertura).

- Propõe-se o apoio à legitimação da transumância para ajudar a lidar com o desenvolvimento de colmeias na União e com a concessão de áreas aos apicultores durante a época de floração. A gestão da transumância pode ser incentivada através de medidas como a identificação das colmeias e dos bordos, um registo da transumância, o interesse por materiais que incentivem a transumância e a cartografia dos sortimentos de néctar. Em alguns Estados-Membros, a transumância é essencial para satisfazer as necessidades de saúde das abelhas melíferas e garantir a fertilização das plantas (Comissão Europeia, 2013).

- De acordo com a Comissão Europeia, espera-se que as dotações de apoio para a realização de exames do mel contribuam para aumentar a comercialização do néctar. O financiamento dos exames do néctar permite que os apicultores garantam que o néctar disponibilizado satisfaz as caraterísticas de concentração física estabelecidas na Diretiva 2001/110/CE do Conselho relativa à identificação do néctar; os exames sobre a origem biológica do néctar fornecem aos apicultores informações exactas sobre o néctar recolhido, permitindo-lhes obter um preço mais elevado pelo seu produto.

  O apoio financeiro à investigação do néctar é fundamental para tornar esta administração aberta a inúmeras pessoas.

- O repovoamento de colmeias permite compensar os infortúnios das abelhas melíferas e, por conseguinte, evitar os infortúnios de geração; isto pode incorporar exercícios de subvenção para promover a criação ou obtenção de colónias de abelhas melíferas pelos governantes (Comissão Europeia, 2013).

- A oportunidade dada pelo regulamento de incluir nos projectos de néctar empreendimentos de exame específicos relacionados com a melhoria da qualidade do néctar, e a divulgação das consequências dessas actividades, pode ajudar a expandir a aprendizagem dos criadores sobre práticas específicas da apicultura (Comissão Europeia, 2013).

5.8.2 Recenseamento das colónias e dos apicultores

De acordo com a Comissão Europeia, o número total de apicultores na União Europeia em 2010 era de 506 038, dos quais apenas 5,2 % (26 318) eram considerados apicultores experientes (mais de 150 colmeias).

Em 2010, o número agregado de colmeias na UE rondava os 14 milhões (13 985 091), dos quais cerca de 6 milhões (5 659551) pertenciam a apicultores especializados, que detinham 40 % das colmeias. Deve notar-se que, uma vez que não existe um compromisso legítimo a nível da UE para registar os santuários apícolas, a acumulação de informações sobre o número agregado de colmeias não é combinada entre os Estados-Membros e pode necessitar de exatidão. Apesar de as taxas de apicultores especializados e a quantidade de colmeias que supervisionam terem aumentado após 2007 (33% das colmeias), a parte ainda é geralmente composta por apicultores não especializados. A taxa de profissionalização é, em geral, baixa na UE, mas pode diferir enormemente entre os Estados-Membros; para a ocorrência, na Alemanha, mais de 99% dos apicultores não são especialistas, enquanto em Espanha 23% dos apicultores são proficientes (Comissão Europeia, 2013).

De acordo com a Comissão Europeia, a quantidade de colmeias na UE aumentou 3% (382 372) em 2010, em comparação com o registo de 2007. Segundo os apicultores, este aumento é indispensável para compensar a mortalidade das abelhas. Seja como for, incluiu igualmente um aumento da produção de néctar proporcional a 6% no mesmo período.

Como afirma a Comissão Europeia (2013), os cinco Estados-Membros com o número mais surpreendente de colmeias são a Espanha (19,3%), a Grécia (11,8%), a França (10,5%), a Roménia (10%) e a Itália (8,8%). Por outro lado, os países com maior número de colmeias não são geralmente os países com maior criação de néctar. Este facto pode ser explicado por contrastes naturais (atmosfera, quantidade de néctar, densidade das colónias de abelhas, etc.) e também pela ausência de uma técnica combinada a nível da UE para avaliar a quantidade de colmeias, o que leva a contrastes emocionais no rendimento de cada colmeia entre os Estados-Membros (entre 9 e 51 kg em 2010 na UE). Assim, a Alemanha tem um número de colmeias inferior (5,6%) ao da Grécia, Itália, França e Roménia, mas fornece mais néctar do que qualquer um destes países devido a rendimentos mais elevados (até 37,2 kg por colmeia em 2011). A Hungria tem rendimentos normais adicionalmente elevados em cada colmeia (27,4 kg em 2010) e é subsequentemente o quarto fabricante da UE na UE, apesar de ter apenas 7,1% das colmeias.

5.8.3 Afetação das despesas

5.8.3.1 Orçamento de cada Estado-Membro

Em conformidade com o artigo 108.º do Regulamento "OCM única", a União concede um financiamento parcial dos programas apícolas, proporcional a 50% das despesas suportadas pelos Estados-Membros.

Deve-se notar que os subsídios anuais da União dedicados ao segmento da apicultura se expandiram após 2007, tendo em mente o objetivo final de tomar nota das quantidades crescentes de colônias e das necessidades de desenvolvimento da área de apicultura. Em 2011, o subsídio monetário subiu para 32 milhões de euros por ano (Comissão Europeia, 2013).

De acordo com a Comissão Europeia, os Estados-Membros comunicam os seus projectos apícolas nacionais à Comissão antes de 15 de abril, uma vez de três em três anos, em conformidade com o artigo 2.º do Regulamento (CE) n.º 917/2004 (o alojamento em 2010 foi identificado com os projectos que abrangem os anos de 2011, 2012 e 2013).

Com base nos indicadores de consumo dos Estados-Membros estabelecidos nos seus programas nacionais de apicultura, as lojas da União acessíveis (32 milhões de euros por ano para o período 2011-2013) são transmitidas pela oferta de um Estado-Membro no número agregado de colmeias na União, mas os fundos atribuídos não podem ser superiores a 50% do uso personalizado para cada Estado-Membro. No momento em que 50% do consumo no projeto nacional é inferior à soma relativa à quantidade de colmeias, as lojas acessíveis permanentes são redistribuídas entre os Estados-Membros para os quais o consumo previsto ultrapassa a sua oferta correspondente de subsídio monetário (em entendimento com o Art. 3 do Regulamento (CE) n.º 917/2004) (Comissão Europeia, 2013).

As quantidades agregadas de colmeias em cada Estado-Membro e na União são actualizadas e distribuídas de três em três anos no anexo I do Regulamento (CE) n.º 917/2004.

De acordo com a Comissão Europeia, em 2011, seis Estados-Membros (Bulgária, Dinamarca, Alemanha, Grécia, Finlândia e Suécia) medem as utilizações ao abrigo do seu plano de despesas separado na capacidade da quantidade de colmeias. A medida de comparação dos fundos da UE foi redistribuída entre o que restou dos Estados-Membros. Em 2011, os cinco Estados-Membros com o maior número de colmeias receberam uma quota conjunta de 55 % do plano de despesas acessível da UE. Os Estados-Membros com o maior número de colmeias são, assim, os maiores clientes do sistema.

5.8.3.2 Execução do subsídio monetário

Como indicado pelos números transmitidos pelos Estados-Membros sobre a execução do apoio financeiro a cada tipo de medida, as taxas gerais de utilização nos 27 Estados-Membros são elevadas (93 % em 2010, 89 % em 2011 e 89 % em 2012). A diminuição da taxa de execução de 2010 para 2011 pode ser explicada pelo facto de o subsídio monetário distribuído ao sistema apícola ter aumentado de 26,3 milhões para 32 milhões entre estes dois anos. Em suma, a taxa tende a diminuir no primeiro ano do sistema e a aumentar no terceiro ano (Comissão Europeia, 2013).

Segundo a Comissão Europeia, em 2010 e 2011, os melhores beneficiários (Espanha (93%, 84%), Grécia (97%, 92%), França (90%, 88%), Itália (96%, 92%) e Roménia (100%, 85%) foram excecionalmente viáveis na utilização dos planos financeiros. O mesmo se verificou em 2012 (Grécia (97%), França (92%), Itália (93%) e Roménia (98%), com exceção da Espanha, onde apenas 69% do plano de despesas foi utilizado.

5.8.4 Despesas efectuadas por tipo de atividade e por Estado-Membro

O exame dos custos causados tem em conta os valores apresentados anualmente pelos Estados-Membros, em conformidade com o n.º 2 do artigo 6.º do Regulamento (CE) n.º 917/2004. Para o período 2010-2012, as duas medidas mais amplamente apoiadas foram o controlo da varroose e o apoio especializado. Os custos destas duas medidas foram metodicamente os mais elevados e mantiveram-se geralmente estáveis ao longo dos projectos progressivos, representando em geral 27-30% para o controlo da varroose e 24-28% para a ajuda especializada (Comissão Europeia , 2013).

- Mais especificamente, todos os Estados-Membros utilizaram medidas de controlo da varroose até 2010, o que reflecte o facto de a varroose ser endémica na União e ser considerada como o principal perigo para a sobrevivência das abelhas melíferas, de acordo com as respostas a um inquérito promovido pelo Laboratório de Referência da UE para a Saúde das Abelhas. É igualmente devido ao custo relativamente elevado dos medicamentos contra a varroa, avaliado em 10 a 20% das despesas de produção, segundo os apicultores. Os países que mais recorreram a esta medida foram a Espanha, a Hungria e a Polónia. No entanto, é de notar que a Grécia deixou de utilizar esta medida em 2011 e 2012 devido ao aumento das despesas de tratamento, à resistência da varroa aos medicamentos, ao perigo da proximidade de depósitos em artigos apícolas e às condições climatéricas quentes, que são favoráveis ao desenvolvimento da criação durante todo o ano e à industriosidade da varroa (Comissão Europeia, 2013).

- De acordo com a Comissão Europeia (2013), as medidas de apoio especializadas são utilizadas pela maior parte dos Estados-Membros. Tendo em conta a quantidade de apicultores não especializados e os estados de mudança da parte, é necessária uma atividade persistente concentrada na dispersão de dados. Tanto o sector apícola como os Estados-Membros consideram que as medidas de ajuda especializada têm consequências muito vantajosas para as gerações. Os principais clientes desta medida em 2011 e 2012 foram a Itália, a Grécia, a França, a Alemanha, a República Checa, a Polónia e a Espanha. É de notar que houve mudanças na distribuição dos custos da ajuda especializada por cada Estado-Membro entre os dois programas apícolas: em 2010, os Países Baixos, a Bulgária e a Roménia não utilizaram esta medida de forma alguma, enquanto em 2011 e 2012 a Bulgária e a Roménia começaram a utilizá-la. A Polónia sextuplicou os seus custos de apoio especializado por volta de 2010 e 2011-2012. A Espanha praticamente multiplicou os seus custos por volta de 2010 e 2011-2012.

- A Comissão Europeia (2013) afirma que as medidas destinadas a garantir a justificação da transumância continuam a ser as terceiras medidas reforçadas mais normais, representando 16-20% da utilização. Basicamente, as nações do sul da Europa, por exemplo, Grécia, Espanha e Roménia, com vegetação diferenciada e um longo período de floração, estão a utilizar esta medida. Outros Estados-Membros, como a Alemanha, por exemplo, apoiam a transumância devido à sua importância para a fertilização.

- As medidas de repovoamento das colmeias ficaram em quarto lugar. A utilização desta medida representou 19% do consumo em 2010 e diminuiu para 16% em 2012. A Roménia, a Bulgária e a Polónia são os clientes fundamentais. As associações de apicultores, que estão incluídas na preparação dos projectos, estão extremamente interessadas nestas medidas para contrabalançar a perda de províncias de abelhas melíferas e o aumento dos custos dos enxames. Por outro lado, a parte apícola considera que o apoio ao repovoamento das colmeias é, até certo ponto, apenas uma medida passageira e que as razões da mortalidade das abelhas devem ser objeto de mais investigação e acompanhamento (Comissão Europeia, 2013).

- As medidas relativas aos exames conexos ocupam o quinto lugar (4-6 % de utilização). A França continua a ser o Estado-Membro que atribui o maior plano de despesas a exames conexos, com cerca de 1,4 milhões em 2012, o que representa mais do que uma grande parte do total atribuído a esta medida na União. No caso em apreço, as medidas de exploração conexas foram utilizadas como parte da França para completar um estudo sobre a apresentação de abelhas bumble a um pesticida sistémico neonicotinóide (Comissão Europeia, 2013).

- Finalmente, os custos de investigação do néctar são os menos utilizados pelos Estados-Membros e diminuíram. Em 2010, representavam 6% dos custos, tendo depois diminuído para 4% em 2011 e para 3% em 2012. A Espanha, que era uma das nações com o plano de despesas mais elevado para a investigação do néctar por volta de 2007 e 2009, diminuiu os seus custos em 2010 e novamente em 2011 e 2012. A Polónia também diminuiu os seus custos algures por volta de 2010 e 2011, enquanto a Bulgária aumentou os seus custos em 2011 e 2012, em comparação com 2010. Estas variações podem dever-se ao facto de, uma vez criado um sistema de centros de investigação, os custos serem menos imperativos. Deve notar-se que o apoio aos exames laboratoriais é especialmente refrescante para os embaladores e grossistas de néctar, uma vez que permite aos apicultores disfarçar esta despesa (Comissão Europeia, 2013).

5.9 Avaliação das medidas para o sector da apicultura

De acordo com a Comissão Europeia, em 2012, a Comissão encarregou um perito externo de efetuar uma avaliação das medidas relativas à divisão apícola.

O estudo avaliou:

- Em que grau exato as seis medidas dos projectos apícolas influenciaram a criação, promoção e troca de néctar e também a manutenção e troca de abelhas vivas.
- Qual o grau exato das medidas que contribuíram para apoiar o movimento monetário e a remuneração dos apicultores especializados.

- Qual o grau exato das medidas adicionadas ao valor da força para o néctar.

O estudo foi concluído em julho de 2013.

O estudo inferiu que os projectos apícolas nacionais contribuíram para equilibrar os níveis de criação de néctar na UE, num contexto de aumento dos custos de produção, de perigos para a sobrevivência das abelhas melíferas e de uma rivalidade global feroz com as importações de néctar de países terceiros (Comissão Europeia, 2013).

As medidas contribuíram para controlar o aumento das despesas em curso (especificamente para medicamentos contra a varroa e repovoamento de colmeias) e, nesse sentido, restringiram o efeito dessas despesas no salário dos apicultores. As seis medidas são correspondentes entre si; as conclusões sobre o impacto de cada medida individual devem ser traduzidas deliberadamente e devem considerar as energias de cooperação existentes entre as medidas (Comissão Europeia, 2013).

De acordo com a Comissão Europeia (2013), a ação apícola tornou-se mais rentável através da atuação de melhorias auxiliares na parte através de apoio especializado, legitimação da transumância, controlo da varroose, modernização e motorização do movimento apícola, formações e divulgação de dados. As medidas consideraram o apoio à criação do néctar de alto calibre da UE e também garantiram que a geração de baixo calibre permanecesse agressiva. A estimativa elevada e incluída do néctar entregue na UE tem em consideração o grande fosso entre a estimativa unitária da tarifa normal do néctar da UE e a estimativa unitária da importação normal de néctar de países terceiros.

Além disso, as medidas tiveram um efeito positivo indireto, tanto para o país melhorado como para a terra. Ao diminuir as despesas, afectando as melhorias auxiliares e apoiando o salário dos apicultores, as medidas serviram para manter o movimento apícola nos territórios provinciais, o que é fundamental para a fertilização e, portanto, para a agricultura. As medidas também estimularam práticas apícolas mais razoáveis, especialmente para o controlo da varroose (Comissão Europeia, 2013).

Finalmente, o estudo destacou que o segmento apícola, o negócio do néctar e os Estados-Membros concordam em considerar que os projectos apícolas nacionais são extremamente valiosos para apoiar a área (Comissão Europeia, 2013).

Em todo o caso, o estudo inferiu que poderiam ser feitos mais progressos melhorando a utilização das medidas actuais para fazer avançar o néctar, reforçar ainda mais a colaboração entre apicultores, aumentar a difusão de dados sobre a exploração conexa estende e diferencia as fontes de remuneração dos apicultores através do avanço de artigos apícolas de alta estima, por exemplo, geleia ilustre, pó e própolis (Comissão Europeia, 2013).

De acordo com a Comissão Europeia (2013), na perspetiva dos requisitos do segmento e das inconsistências nacionais entre os Estados-Membros, o construtor sugeriu igualmente uma orientação mais clara da União sobre os programas de apicultura, na sequência da decisão das medidas sólidas que são atualmente tomadas a nível nacional ou mesmo local. As energias de cooperação entre os projectos de exploração da União e os exames nacionais conexos devem igualmente ser encontradas para garantir uma ligação superior no meio da exploração básica e conexa, além de manter uma distância estratégica das potenciais coberturas.

5.10 Sugestões dos Estados-Membros e do sector

Em outubro de 2012, a Comissão obrigou os Estados-Membros e os delegados de parte a apresentarem as suas perspectivas sobre os programas apícolas, com o objetivo final de elaborar o presente relatório.

Em geral, tal como demonstrado pelo estudo de avaliação, os Estados-Membros comunicaram a sua satisfação com a forma como os projectos são geridos e defenderam a sua continuação, uma vez que consideram estas medidas uma ajuda incrível para a apicultura e a criação de néctar (Comissão Europeia, 2013).

As recomendações de alteração das medidas de acompanhamento foram comunicadas pelos Estados-Membros:

- Segundo a Comissão, a Alemanha e o Luxemburgo recomendaram o ajustamento do ano apícola ao ano do livro de datas. Atualmente, as actividades anuais dos projectos apícolas são criadas entre 16 de outubro de cada ano e 15 de outubro do ano seguinte (n.º 2 do artigo 2.º do Regulamento (CE) n.º 917/2004), enquanto as medidas elegíveis para cofinanciamento devem ter sido executadas até 31 de agosto do ano em causa (n.º 3 do artigo 2.º do Regulamento (CE) n.º 917/2004), pelo que é difícil apoiar as actividades realizadas entre setembro e os primeiros 50% de outubro. Para os programas apícolas de 2014-2016, a Comissão espera resolver este problema propondo a revisão das datas de utilização das medidas previstas no Regulamento (CE) n.º 917/2004, a fim de garantir que as acções apícolas possam ser executadas ao longo de todo o ano.

- A Alemanha solicitou a desvinculação das medidas de organização e controlo , uma vez que o esforço de controlo obrigatório parece ser desequilibrado. Os Estados-Membros são capazes de examinar e inspecionar os projectos. O Regulamento (CE) n.º 917/2004 obriga os Estados-Membros a informar estas medidas de acordo com um período de tempo exato, mas deixa uma considerável margem de manobra aos Estados-Membros para executarem os controlos de acordo com a regra geral de avaliação subsidiária e de perigo. Para os programas apícolas de 2014-2016, as comunicações à Comissão são separadas e introduzidas diretamente através do Sistema de Informação para a Gestão e Monitorização do Mercado Agrícola (Comissão Europeia, 2013).

- De acordo com a Comissão Europeia, a Alemanha recomendou o apoio a medidas adicionais, identificando-se com a apicultura, melhorando o bem-estar das abelhas melíferas, controlando os danos causados pela varroose, a exibição de néctar e a vegetação de néctar. Cada uma destas medidas pode, a partir de agora, ser mantida até certo ponto pelos actuais programas apícolas. Medidas adicionais específicas para melhorar o bem-estar das abelhas são subsidiadas pela UE fora dos programas apícolas.

- No que se refere à ajuda especializada, a Alemanha solicitou uma apresentação mais clara da qualificação para apoio do equipamento para apicultores, por exemplo, como uma lista da Comissão de produtos qualificados para apoio. A Comissão considera que uma lista alterada de produtos retiraria uma parte da adaptabilidade importante para ter em conta a variabilidade das estruturas do sector entre os Estados-Membros. Além disso, os empreendimentos dos apicultores podem ser financiados a partir de agora no âmbito de projectos de melhoria do país que contenham medidas de modernização e desenvolvimento da propriedade rural (Comissão Europeia, 2013).

Por fim, a Lituânia propôs dar apoio para capacitar os pequenos apicultores a recarregarem o seu equipamento de extração de néctar e de fabrico de escovas. Este apoio pode, a partir de agora, ser concedido ao abrigo da medida de apoio especializado (Comissão Europeia, 2013).

A Comissão não recebou quaisquer observações compostas da divisão na sequência do seu pedido em outubro de 2012. No entanto, o avaliador externo aconselhou extensivamente o segmento através de investigações contextuais concluídas em quatro Estados-Membros, reuniões e análises em linha, e inferiu que o apoio dado pelas medidas era excecionalmente refrescante para os apicultores e as relações dos apicultores, uma vez que permitia diminuir os custos de criação numa área sob pressão. Por outro lado, os apicultores e as suas associações salientaram a necessidade de desenvolver medicamentos mais viáveis para combater a varroa e para controlar as suas despesas. Além disso, notaram que, apesar de a medida de repovoamento das colmeias permitir pagar principalmente o infortúnio das abelhas assentamentos ", este é apenas um arranjo transitório e as razões para a mortalidade das abelhas devem ser investigadas e acompanhadas (Comissão Europeia, 2013).

6. Conclusão

Neste trabalho, tentámos captar o estado real do mercado europeu no sentido da produção, mais precisamente, a produção europeia de mel através dos aspectos económicos. Centrámo-nos na produção de mel, uma vez que se trata de um dos temas mais interessantes e, na última década, mais populares na UE.

Os conhecimentos teóricos e as fontes bibliográficas ajudaram-nos a compreender melhor a natureza e os princípios fundamentais da questão da produção de mel.

Consideramos que a produção de mel é um dos maiores sectores de trabalho, com o objetivo de contribuir para o desenvolvimento da economia da UE nos dias de hoje. Os países da UE estão a prestar mais atenção a esta produção, reconhecendo a sua importância no futuro. Uma das ameaças a esta produção são os problemas de saúde do mel, a chamada doença de Varroa. De acordo com o relatório da FAO (2011), para resolver este problema, devem ser aplicadas certas restrições às regiões afectadas por esta doença, de modo a produzir mel saudável.

A UE está a tentar arduamente atingir os seus objectivos, respeitando todas as normas e medidas. Todas as medidas e normas impostas pela organização FAO (2011) têm como objetivo aumentar a produção e manter a qualidade, quer com o apoio financeiro de várias regiões, quer com certas restrições à produção.
O aumento da percentagem de produção de mel deve continuar a ser o principal objetivo de todos os países europeus. Na nossa opinião, precisamente os passos que já foram dados neste domínio, bem como os projectos existentes, conduziram a um crescimento contínuo da produção de mel.

Além disso, a FAO afirma que, para além da assistência da UE e das medidas implementadas, é essencial que cada produtor nacional melhore a sua produção, da melhor forma possível: educação dos apicultores, utilização de ingredientes de qualidade nos alimentos para as abelhas, entre outros.

Bibliografia

SobreEducação. 2014. A função de produção: Jodi Beggs. 2014. [cit. 201501-23] Recuperado de http://economics.about.com/od/Production-Função/ss/A função de produção.htm

ACOSEF. 2013. Proizvodnja meda u Evropskoj uniji. 2013 [cit. 2014-06-15] Recuperado de http://acosef.com/sr/vesti/19-news/med/161-proizvodnja-meda- u-evropskoj-uniji

Direção-Geral da Agricultura e do Desenvolvimento Rural. 2009. Avaliação das medidas da PAC relacionadas com a apicultura: Panorama do sector apícola. 2009. [cit. 2015-03-14]. Recuperado de http ://ec. europa.eu/ agriculture/evaluation/market-and-income- reports/2013/apiculture/chap3_en.pdf

Escola Andrew Young da Universidade do Estado da Geórgia: Centro de Economia Experimental. 2006. Factores que afectam a oferta. 2006. Recuperado de http://www.econport.org/content/handbook/supply/changeSupply.html

Escola Andrew Young da Universidade do Estado da Geórgia: Centro de Economia Experimental. 2006. Impact of Shifts in Demand and Supply (Impacto das mudanças na procura e na oferta). 2006. Retirado de http://www.econport.org/content/handbook/Equilibrium/Impact-.html

Conselho Australiano da Indústria das Abelhas Melíferas (AHBIC). 2015. Código de Práticas e Programa Nacional de Biossegurança das Abelhas. 2015. [cit. 2015-02-17]. Recuperado de http://honeybee.org.au/programs/code-of-practice-and-national-bee-biosecurity- program/

Sem limites. 2014. Definindo a função de produção. Boundless Economics. 2014. [cit. 2015-04-16] . Recuperado de https://www.boundless.com/economics/textbooks/boundless-economics-textbook/production-9/the-production-function-63/defining-the-production- function-237-12335/

BRIDGMAN, B. el al. 2012. Contabilização da produção das famílias nas contas nacionais, 1965-2010. 2012. [cit. 2012-02-16] Recuperado de https ://www.bea. gov/ scb/pdf/2012/05%20Maio/0512_família.pdf

Estudos de casos de negócios. 2015. Teoria da estratégia: Atividade primária, secundária e terciária. 2015. [cit. 2015-03-19] Retrieved from http://businesscasestudies.co.uk/business-theory/strategy/primary-secondary- and-tertiary-activity.html#axzz3YgE1AISH

Dicionário de Negócios. Produção. Obtido de http://www.businessdictionary.com/definition/production.html

Inquérito de mercado da CBI. 2009. O mercado do mel e de outros produtos apícolas na UE. 2009. [cit. 2014-11-15]. Recuperado de http://www.fepat.org.ar/files/eventos/759630.pdf

ClassTalkers. 2012. Tipos de produção nas empresas. 2012. [cit. 2015-02-16] Obtido em http://classtalkers.com/business/types-of-production/

Economia 101. 2014. Função de produção. WorldPress, 2014. [cit. 2015-01-12] . Recuperado de http://www.whatiseconomics.org/microeconomics/production-function

Economia Online. 2015. Custos de produção. 2015. . [cit. 2015-04-08] . Retrieved from http://www.economicsonline.co.uk/Business_economics/Costs.html

Enciclopédia Britânica. Produção. Recuperado de http://www.britannica.com/EBchecked/topic/477954/production

Comissão Europeia. 2011. Relatórios, estatísticas e apresentações sobre o mel: Situação do mercado. 2011. [cit. 2015-02-25]. Recuperado de http://ec.europa.eu/agriculture/honey/reports/market-situation_en.pdf

Comissão Europeia. 2013. Relatório da Comissão ao Parlamento Europeu e ao Conselho. 2013 [cit. 2013-08-16] Obtido em http://eur- lex.europa.eu/legal-content/en/ALL/?uri=CELEX:52013DC0593

Comissão Europeia. 2013. Relatório da Comissão ao Parlamento Europeu e ao Conselho. 2013. [cit. 2015-04-02]. Obtido em http://eur- lex.europa.eu/legal-content/en/ALL/?uri=CELEX:52013DC0593

Comissão Europeia. 2015. Esforços da UE para a saúde das abelhas. 2015. [cit. 2015-01-27]. Recuperado de http://ec.europa.eu/food/animals/live_animals/bees/health/index_en.htm

Organização das Nações Unidas para a Alimentação e a Agricultura (FAO). 2011. Avaliação do mel das medidas da PAC relacionadas com a agricultura apícola e a DG Desenvolvimento Rural - Relatório final. 2011. [cit. 2014-11-14]. Disponível em: http://ec.europa.eu/agriculture/evaluation/market-and-income-reports/2013/apiculture/chap3_en.pdf

Organização das Nações Unidas para a Alimentação e a Agricultura (FAO). 2011. Mel. 2011. [cit. 2015-0211]. Recuperado de http://ec.europa.eu/agriculture/honey/index_en.htm

HENDERSON, D. H. 2004. Supply and Demand. Whitefish, Montana: Kessinger Publishing, 2004. p. 18 - 34. ISBN: 978-1-419-15002-9.

Houghton Mifflin Harcourt (HMH). 2014. Production Costs and Firm Profits [Custos de produção e lucros da empresa].
2014. [cit. 2015-03-06] . Recuperado de http://www.cliffsnotes.com/more-subjects/economics/theory-of-the-firm/production-costs-and-firm-profits

KONING, R. E. 1994. Biologia das abelhas. 1994. Site de Fisiologia Vegetal. Recuperado de http://plantphys.info/plants_human/bees/bees.html.

MANKIW, G. N. 2000. Principles of Microeconomics: Segunda edição. Mason, Ohio: Cengage Learning, 2000. Capítulo 4. ISBN: 978-0-030-27016-1.] Obtido em http://www.csun.edu/sites/default/files/micro3 .pdf

MANKIW, G. N. 2011. Principles of Macroeconomics: Sixth edition. Mason, Ohio: Cengage Learning, 2011. p. 65 - 87. ISBN: 978-0-538-45306-6. [cit. 2015-02-08]. Recuperado de
https://financeasim.files.wordpress.com/2014/01/principles-of-macroeconomics- n-gregory-mankiw.pdf

MisesInstitute. 2006. Produção versus consumo. 2006. [cit. 2015-03-11] . Recuperado de https://mises.org/library/production-versus-consumption

MORSE, R.A. e HOOPER, T. 1985. *The illustrated encyclopedia of beekeeping*, E. P. Dutton, Inc., New York, New York, 1958.

Dia Nacional da Abelha Melífera. 2011. História. 2011. [cit. 2015-01-06]. Recuperado de http://www.nationalhoneybeeday.com/history.html

Dia Nacional da Abelha Melífera. 2015. Má ignorância - não as abelhas. 2015. [cit. 2015-03-06]. Recuperado de http://www.nationalhoneybeeday.com/

Ministério do Ambiente norueguês. 1994. Simpósio de Oslo sobre Consumo Sustentável. 1994.

Orszagos Magyar Meheszeti Egyesulet (OMME). 2008. Obtido em http://www.omme.hu/

PIDEK, Andrzej - POHORECKA, Krystyna. 2004. Aspectos económicos da apicultura em 10 países que ascendem à União Europeia. In: Journal of Apicultural Science, Vol. 48/2004, pp. 43-52. [cit. 2015-01-15]. Recuperado de http://www.google.rs/url?sa=t&rct=j&q=&esrc=s&source=web&cd=1&ved=0CCMQFjAA&url=http%3A%2F%2Fwww.jas.org.pl%2Fpdf%2F56%3Ffilename%3Djas_48_2_2004_5.pdf&ei=ZYZAVbDpNsnkaojVgIAG&usg=AFQjCNHOWpeYRdFNG-IO03TI1hyn1ypfKg&sig2=Llz45XdOjkgtBst_Y6EDUg

Plataforma de Conhecimento sobre Desenvolvimento Sustentável. 2014. Consumo e produção sustentáveis. 2014. [cit. 2013-08-16] Retrieved from https://sustainabledevelopment.un.org/topics/sustainableconsumptionandproduct ion

The Economic Times. 2015. Lei da Oferta. 2015. [cit. 2015-02-16] Recuperado de http://economictimes.indiatimes.com/definition/Law-of-Supply

Administração de Alimentos e Medicamentos dos EUA (FDA). 2015. Mel - Declaração de origem. 2015. [cit. 2015-04-06]. Recuperado de http://www.fda.gov/ICECI/ComplianceManuals/CompliancePolicyGuidanceManual/ucm074437.htm

WINSTON, M.L. 1987, *The biology of the honey bee*. Harvard University Press: Cambridge, Massachusetts, 1987.

MIX
Papier aus verantwortungsvollen Quellen
Paper from responsible sources
FSC® C105338

Printed by Books on Demand GmbH, Norderstedt / Germany